EJU

2022年度　　　　［第2回］

日本留学試験
試　験　問　題

聴解
聴読解問題
CD付

Examination for
Japanese **U**niversity
Admission for
International
Students
2022 [2nd Session]

独立行政法人
日本学生支援機構
JASSO Japan Student Services Organization

にほんごの
凡人社
BONJINSHA

は じ め に

　独立行政法人日本学生支援機構は、外国人留学生として、我が国の大学（学部）等に入学を希望する者について、日本語力及び基礎学力の評価を行うことを目的として、年に2回、国内外において日本留学試験（EJU）を実施しており、2022年の第2回目の試験は、11月13日（日）に実施されました。

　本書には、日本留学試験の第2回（2022年11月13日実施分）に出題された試験問題が掲載されており、その構成・内容は次のとおりです。

1．本書は、本冊子とCD1枚から成っています。CDには、日本語科目の「聴解・聴読解」の音声が収録されています。

2．日本語科目の「聴解・聴読解」のスクリプト（音声を文章にしたもの）を掲載しています。

3．実際の試験問題冊子と解答用紙は、A4判です。ここに収められている試験問題冊子と解答用紙は、実物より縮小してあります。

4．試験の出題範囲については、本書に「シラバス」として掲載しています。

　試験問題の公開は、日本留学試験について受験希望者及び関係機関に広報するとともに、受験希望者の試験勉強の便宜をはかるために行うものであり、本書が国内外の多くの日本留学希望者の助けとなれば幸いです。

2023年2月

独立行政法人　日本学生支援機構（JASSO）

目　次

2022年度

日本留学試験（第２回）

試 験 問 題

The Examination

日本語

（１２５分）

I　試験全体に関する注意

1. 係員の許可なしに，部屋の外に出ることはできません。
2. この問題冊子を持ち帰ることはできません。

II　問題冊子に関する注意

1. 試験開始の合図があるまで，この問題冊子の中を見ないでください。
2. 試験開始の合図があったら，下の欄に，受験番号と名前を，受験票と同じように記入してください。
3. 問題は，記述・読解・聴読解・聴解の四つの部分に分かれています。それぞれの問題は，以下のページにあります。

	ページ
記述	1～3
読解	5～31
聴読解	33～47
聴解	49～52

4. 各部分の解答は，指示にしたがって始めてください。指示されていない部分を開いてはいけません。
5. 足りないページがあったら手をあげて知らせてください。
6. 問題冊子には，メモなどを書いてもいいです。

III　解答用紙に関する注意

1. 解答は，解答用紙に鉛筆（ＨＢ）で記入してください。
2. 記述の解答は，記述用の解答用紙に日本語で書いてください。
   読解・聴読解・聴解の問題には，その解答を記入する行の番号 1 ，2 ，3 ，…がついています。解答用紙（マークシート）の対応する解答欄にマークしてください。
3. 解答用紙に書いてある注意事項も必ず読んでください。

※　試験開始の合図があったら，必ず受験番号と名前を記入してください。

受験番号			＊				＊				
名　　前											

記述問題

説明

記述問題は，二つのテーマのうち，どちらか一つを選んで，記述の解答用紙に書いてください。

解答用紙のテーマの番号を○で囲んでください。

文章は横書きで書いてください。

解答用紙の裏（何も印刷されていない面）には，何も書かないでください。

記述問題

以下の二つのテーマのうち, どちらか一つを選んで 400～500字程度で書いてください（句読点を含む）。

1.

　親は子供の行動について「ゲームをしてもいい時間は30分だけ」,「宿題をしてから遊びに行きなさい」などと言うことがあります。このように, 親が子供の行動を管理することには, よい点もありますが, 問題となる点もあるようです。

　親が子供の行動を管理することについてどう思いますか。よい点と問題となる点を挙げて, あなたの考えを述べなさい。

2.

　スマートフォン（smartphone, スマホ）があれば, 簡単に写真や動画を撮ったり, 音を録音したりすることができるようになりました。これは便利ですが, 問題となる点もあるようです。

　簡単に写真や動画を撮ったり, 録音したりできることについてどう思いますか。よい点と問題となる点を挙げて, あなたの考えを述べなさい。

　問題冊子の表紙など, 記述問題以外のページを書き写していると認められる場合は, ０点になります。

――――― このページには問題はありません。―――――

読解問題

説明

　　読解問題は，問題冊子に書かれていることを読んで答えてください。

　　選択肢１，２，３，４の中から答えを一つだけ選び，読解の解答欄にマークしてください。

I　下線部「おそらく過去100年間のノーベル化学賞受賞者のなかでも，かなり珍しい存在
だろう」とありますが，筆者がそう思うのはなぜですか。 　　　　 1

　　1983年に＊島津製作所に入社して以来，「質量分析（Mass Spectrometry）」という，と
ても世の中の役に立っているけれど，大多数の人にとっては身近でない，日本の社会で縁
の下の力持ちのような役割を果たしている技術とつきあってきました。思いがけなく2002
年のノーベル化学賞をいただいたのも，この分野への貢献に対してです。

　　とはいえ，もともと化学を専攻していたわけではありません。私が大学で勉強したのは
電気工学です。小さいころからラジオを組み立てたりするのが好きで，電気に関心があっ
たことは確かですが，それよりも，電気をやっていれば食いっぱぐれないだろう，という
実利的な発想から，電気工学を選びました。

　　だから，東北大学を卒業して社会に出たときの化学に関する基礎知識は，正直言って，
高校で習った程度のものでしかありませんでした。以来ずっと，質量分析の技術開発とい
う分野ではたらいて，化学を含めたさまざまな知識を身につけてきましたが，自分を化学
の専門家だと考えたことは一度もありません。その意味で，おそらく過去100年間のノー
ベル化学賞受賞者のなかでも，かなり珍しい存在だろうと思います。

（田中耕一『生涯最高の失敗』朝日新聞社）

＊島津製作所：筆者が勤務している企業の名前

1．電気工学と化学という二つの専門分野を持っているから
2．一般には知られていない質量分析の分野で受賞したから
3．高校で学ぶ程度の化学の知識しか持っていないのに受賞したから
4．化学の知識はあるが，自分では専門家だと思っていないから

Ⅱ　次のお知らせの内容と合っているものはどれですか。 ☐2

政策提言のためのコンテストのお知らせ

　本学のある山川地区は，豊かな自然に恵まれていますが，さまざまな問題も抱えています。この地域をより住みやすくしていくには，どうしたらいいでしょうか。

　このたび，本学では地域密着政策提言のためのコンテストを開催します。優秀な提言を行ったチームには，学長からの表彰があります。この機会に，地域の実情を踏まえたユニークなアイデアを提案してください！

■応募資格

本学の専門課程ゼミの学生で構成される，４名以上のチーム

※ゼミ内での検討を深めるため，また，さまざまなゼミからの参加を募るため，同じゼミから複数のチームの応募はできません。

■応募方法

６月15日（金）までに，以下の内容をコンテスト事務局に，一番下に記載のある事務局ホームページから届け出てください。

(a)ゼミの名称，(b)チーム名，(c)メンバー，(d)テーマ（例：「商店街を盛り上げる」「子どもの居場所づくり」「高齢者の健康維持」など）

■コンテストの日程

日時：10月５日（金）13：00～16：00

場所：大講堂

※各チームによる政策提言のプレゼンテーション，審査結果の発表と表彰式を行います。

※審査員は本学教授３名です。最優秀賞と優秀賞に選ばれたチームには学長より賞状が授与されます。

■一般への公開

コンテストへの参加者も一般の人も，聴衆として参加できます。

コンテストの動画は本学公式サイトで配信予定です。

政策提言のためのコンテスト事務局　http://www.XXXX.XX.jp

1．他の大学のゼミの学生とチームをつくって応募できる。

2．自分たちが考えたものであれば，テーマに制限はない。

3．コンテストの審査員には一般の人も含まれる。

4．一つのゼミから一つのチームしか応募できない。

III　次の文章の内容と合っているものはどれですか。　　　　　　3

　見落としがちだが，たとえ同じ日本国内であっても，ある場所にいた昆虫が本来は自力ではたどり着けないような場所に運ばれてしまえば，運ばれてきた昆虫は外来昆虫と同じだ。これは，運ばれてきた場所に同じ種の昆虫が生息していたとしても問題となることがある。

　有名なのはゲンジボタルという代表的な*ホタルの仲間だ。ゲンジボタルは西日本から東日本にかけて広く分布していて，初夏の夜を優しく瞬（またた）く光で彩る，日本の風物詩ともされる昆虫だ。そのためもあって，もともとたくさんいたゲンジボタルが減ってしまった地域では，ホタルを増やそうと，違う地域のゲンジボタルを連れてきて放してしまうことがある。だが，西日本のものと東日本のものでは，光ったり消えたりする間隔が違っているなど，見た目には同じホタルでも，性質が違うことが知られており，実際に遺伝子レベルでも異なっていることが判明している。たとえそれがゲンジボタルを復活させようとしてやったことだとしても，残念ながら外来昆虫を持ち込んだのと変わりない。

（井手竜也『昆虫学者の目のツケドコロ』ベレ出版）

＊ホタル：腹部に発光器を持ち，暗いところで光を放つ昆虫

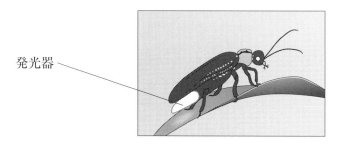

発光器

ゲンジボタル

1．ゲンジボタルは，生息している地域に合わせて上手に性質を変えることができる。

2．他の地域で採取したゲンジボタルを安易に別の場所に放すべきではない。

3．各地でゲンジボタルが減少しているのは，外来種の昆虫が増えたためである。

4．ゲンジボタルは生まれた場所から離れた地域では生きていくことが難しい。

IV　次の文章の内容と合っているものはどれですか。　　　　　　　　4

　企業の利益追求行動と*経済倫理が両立するとするいま一つの考えは，経済倫理にした
がった行動をとることが長期的には企業にとって利益を増やすことにつながるという主張
です。すなわち，経済倫理にしたがった行動をとり続ければ，短期的には費用がかかるか
もしれませんが，長期的にはそれによって取引先や消費者の信頼を得られ，結果的により
大きな利益を得ることができるようになるというわけです。…（略）…

　実際，さまざまな企業不祥事の結果を見ても，経済倫理を無視した短期的な利益追求行
動は，長期的には企業にとって**割に合わないということができます。とくに，それが
法律違反にまで及んだ場合には，処罰の対象となり，巨額の損失を被るだけでなく，失わ
れた信頼を取り戻すには長い期間を要し，体力のない企業であれば倒産や廃業に追い込ま
れることになります。

　　　　　　　　　　　　　　　　　　（永合位行・鈴木純『現代社会と経済倫理』有斐閣）

＊経済倫理：経済活動にあたって社会の一員として行うべき正しい行為の基準
＊＊割に合わない：労力に比べて利益が少ない

1．企業が短期的な利益を追求することは，経済倫理に反している。
2．企業の利益追求行動は，これまで常に経済倫理と矛盾してきた。
3．長い目で見ると，経済倫理にしたがったほうが企業にとって有益である。
4．体力のない企業にとって，経済倫理を守って行動すると倒産のおそれがある。

Ⅴ　下線部「このアドバイス」とは，作品を見るときにどのようなことを考えてほしいというアドバイスですか。　　　　　　　5

　美術館で開催される展覧会の宣伝では，当然のことながらその展示品がいかに素晴らしいかを大々的に訴える。すると私たちは，会場に赴く前からその展示に対して高い評価をしてしまいがちだ。「これは素晴らしい作品なのだ」と決めてしまい，自分自身の感じ方，自分の目で見た評価ができなくなるのである。

　これを避けるために私がよく勧めるのは，「作品を買い付ける」つもりで見ることだ。もちろん，展示品を本当に買えるわけではないが，自分が展示品の中から一つ買うとしたらどれを選ぶか考えながら作品を見るのである。すると，ただ「名作をありがたく鑑賞している」ときとは見方が変わる。自分にとってお金を払う価値がある作品はどれか，と厳しく見るようになる。宣伝や専門家の解説から自由になり，自分を中心に置いた見方ができるようになるのだ。

　私が実際にこのアドバイスをして，鑑賞し直してもらった人の中には「いいと思う作品が，前と違ってきた」「同じ作品が違って見えてきた」という人たちが大勢いる。

（藤田令伊『芸術がわからなくても美術館がすごく楽しくなる本』秀和システム　を参考に作成）

1．自分が専門家だったらどう解説するか
2．自分がその絵の作者ならいくらで売るか
3．自分が宣伝するならどのような言葉を使うか
4．自分が買うならどれを選ぶか

VI 次の文章の（　Ａ　），（　Ｂ　），（　Ｃ　）に入るものとして，最も適当な組み合わせはどれですか。　6

　米国の政治学者ロバート・パットナムは，市民社会の存立基盤を形成するネットワークを，ソーシャル・キャピタル（social capital：SC）という概念によってとらえた。…（略）…これには，同質的な人びとやグループの結束を強める「結束型（bonding）」と，異質な人びとやグループのあいだを結びつける「橋渡し型（bridging）」がある。…（略）…

　東日本大震災では，被災地外部からNPOやNGOなどが被災地に集まり，復興支援のための新しいネットワークを形成するようになった。被災地コミュニティと外部の専門家をつないだり，団体間のネットワークを生みだす，いわゆる（　Ａ　）型SCにもとづく市民活動が立ち上がり，被災者の生活再建や産業復興などを推し進めてきた。同時に，被害の大きかった農漁村部においては，伝統的な共同体の（　Ｂ　）型SCが復興過程で大きな役割を果たしている。避難所から仮設住宅へ移動するなかで，バラバラになりがちな人間関係を再生させたのは，地域に昔からあるお祭り行事やコミュニティの絆，まさに（　Ｃ　）型SCであった。同じ地域で生まれ育ったという同質性とそこでの絆が，住民意見を集約し，合意形成をとりつけやすい土壌を生みだしたといえる。

（松本康編『都市社会学・入門』有斐閣）

1．Ａ：橋渡し　　Ｂ：結束　　　Ｃ：結束
2．Ａ：橋渡し　　Ｂ：橋渡し　　Ｃ：結束
3．Ａ：結束　　　Ｂ：橋渡し　　Ｃ：橋渡し
4．Ａ：結束　　　Ｂ：結束　　　Ｃ：橋渡し

Ⅶ　筆者は，相手と対立した時はどのようにするのがいいと述べていますか。　　<u>7</u>

　　相手と対立した時，まずは「素直に聞く」ということは重要です。

　　「あなたともう一緒にはやりたくない」と言われたとしたら，まずは，「どうしてですか？」と聞くのです。相手が感情的になって「やりたくないからやりたくないの！」と叫んだり，「いちいち言わないと分からないの⁉」と投げ捨てられても，「分かりません。教えて下さい」とさらに「です・ます」調で聞くのです。

　　対立が明確になってくると，険悪なムードが漂って，なかなか，素直に質問できなくなってきます。よく「言ってもムダだから」とか「こう言うときっとあの人はこう言うんだよね」とか「あいつはきっとこう考えてるんだけど」と，交渉の途中でつぶやく人がいますが，それは聞いてみないと分からないのです。

　　…（略）…

　　素直に聞くと，どんどん情報がたまります。相手はどうして私ともう一緒にやりたくないと思っているのか。私のどこが気にいらないのか。それはいくつあるのか。そのうち，決定的な理由はどれなのか？　譲れる理由はあるのか。絶対に譲れない理由はあるのか。私が直せることで決定的な理由はあるのか。私が直せないことで決定的な理由はあるのか？　具体的な情報がたまれば，交渉できるようになるのです。

（鴻上尚史『コミュニケイションのレッスン　聞く・話す・交渉する』大和書房）

１．相手に質問を投げかけて，具体的な情報を集める。
２．自分の主張が相手に理解されるまで，丁寧な言葉で交渉を続ける。
３．自分からは何も言わず，相手の言うことを黙って聞く。
４．いったん冷静になり，険悪なムードが収まるのを待つ。

VIII　筆者は，本のまえがきについて，どのように述べていますか。　　8

　かりに，一人の著者が，いくつかの異なる分野について別々の著作で論じていたとしても，人格は一つなのだから，Aについて右と言い，Bについて左と言うような，まったく正反対の主張をするわけはなく，考え方の“根っこ”はどれも同じであるはずだ。そして，ほとんどの場合，この考え方の根本は“まえがき”で読み取ることができる。つまり，“まえがき”には，その著者の“思考パターン”がかならずといっていいほど表われているのである。

　私は弁護士だから，法律関係の本を読む機会が多い。法律の解釈について，学者の考え方はきわめて厳密だから，たとえば刑法の中の殺人罪に関してAという主張をする人なら，傷害罪でどんな説を述べるかは，本を読まなくても十分にわかる。だから，はじめて目にする著者の本は，どれか一冊の“まえがき”を読んでおき，“思考パターン”を把握しておくようにしている。相手のめざす方向や結論がわかっていれば，以後同じ著者の本を読むとき，ポイントをいち早くつかむことができるので，いらぬまわり道をしなくてすむのである。

（黒川康正『読書術』ごま書房）

1．著者の考え方が表われているので，本の内容を把握しやすい。
2．著者の経歴などが書かれているので，著作によって大きな違いはない。
3．本の内容のまえおきとして書かれているので，この部分を読むだけでも面白い。
4．本の内容の要点がまとめられているので，この部分だけを読めばよい。

Ⅸ　次の文章の内容と合っているものはどれですか。　　　　　　　　9

　食べものの味は，それぞれの味の成分がどれくらいふくまれるのかによって，こくなったりうすくなったりします。多くの場合，甘味成分が多いほど甘くなりますし，塩味成分が多いほどしょっぱくなります。しかし，味成分の量が同じでも，温度がちがうと感じかたが変わることがあるのです。

　例えば，塩味は，温度が高いほどうすく感じ，低くなるほどこく感じられます。冷製スープのように，加熱調理した後，冷やして食べる料理の場合，温かい状態でちょうどよいように塩味をつけると，冷やしたときにしょっぱくなってしまいます。

　…（略）…

　このような変化は，味成分による刺激を，＊味細胞がどのように受け取り，神経に伝えるかが，温度によって変わるためと考えられています。一方で，温度によって，味物質自体が変化することもあります。くだものやはちみつの甘味成分である果糖は，温度によって甘さも変化するという性質があり，温度が低いほど甘味が強くなります。くだものを冷やして食べるとおいしいのはこのためです。

　　　　　　　　　　　　　　　　　（平松サリー『おもしろい！　料理の科学』講談社）

　＊味細胞：舌にある，味を感じる細胞

1．塩味も甘味もどちらも温度が高くなると強く感じられる。
2．食べ物の味は味成分の量だけでなく，温度によっても変化する。
3．味物質自体は温度の変化によって影響を受けることはない。
4．味成分による刺激は，温度が低くなるほど伝わりにくくなる。

Ⅹ　下線部「道路の宿命であり，また使命でもある」のは，どんなことですか。　　10

　平成16年（2004），＊熊野古道（くまのこどう）が世界文化遺産に登録された。道路が世界遺産に登録さ
れたのは日本でははじめてであるが，世界でもほかにはスペインの「サンティアゴ・デ・
コンポステーラの巡礼路」があるだけであった。その後，平成26年（2014）までに，メキ
シコの「エル・カミーノ・レアル・デ・ティエラ・アデントロ」の旧産業道路，南米の
「アンデスの道路網」などが同じく登録されたが，全体として道路の例が少ないのは，道
路が始終使われ続けて原形をとどめることが少ないからであろう。現にこの熊野古道の場
合も，一番よく使われていた紀伊路（きいじ）が，指定の枠から外れている事実がある。これは紀伊
路が現代まで使われ続けたために，昔の面影を残すことが困難であったからであり，それ
は道路にとって決して不名誉なことではない。使い続けられることこそ，道路の本来のあ
るべき姿である。建築物ならば，それに合わせた使い方や保存の方法もあるだろうが，道
路の場合には，次第に重量化し，高速化する乗り物を支え，その機能に応じた働きをさせ
るには，構造的にも改良されなければならない。一般道路の場合は古い道を徐々に改良し
ていくので，歴史的遺産としての形態を保つことが困難になってゆく。これが道路の宿命
であり，また使命でもある。

（武部健一『道路の日本史』中央公論新社）

＊熊野古道：熊野とその周辺地域にある古い道

1．道路は，建築物とは異なり，歴史的な文化遺産として理解されにくいこと
2．道路は，人々の移動によって自然にできるものなので，文化遺産と認められないこと
3．道路は，手を加えて使い続けるものなので，歴史的な価値のある形を残しにくいこと
4．道路は，改良を加えながら使い続けていないと，世界遺産に登録されないこと

XI　次の文章を読んで後の問いに答えなさい。

　オオセグロカモメという鳥は，敵が近づいたことを知らせる警戒音と，えさを与えるための給餌音を親鳥が出し，ヒナとコミュニケーションをとっている。

　「カ，カ，カ」という短い鳴き声は警戒音である。この声を聞くと，ヒナは巣の中でうずくまったり，巣の外に出て草むらや岩かげに隠れたりする。一方で，「カァー」という給餌音を聞くと，ヒナは親鳥のほうに近づいて行く。そこで，この二つの鳴き声を録音し，スピーカーから流してみると，親鳥がそばにいなくとも，ヒナは同じようにそれぞれ反応していた。

　この二つの行動は，生まれたときから備わっている本能的な行動なのだろうか。それとも，生まれてから学習する行動なのだろうか。

　生まれたばかりの，親鳥を見たこともその声を聞いたこともないヒナで実験をした。スピーカーで警戒音を聞かせると，ヒナは逃避するような反応を起こすが，給餌音では特別な行動は起こさなかった。そこで，警戒音に対する反応は生まれつきのものであると考えられる。

　野外で親鳥に育てられているヒナを観察すると，卵からかえった日や二日目では，親鳥のほうからヒナに寄ってえさを与えている。その際，親鳥は給餌音を盛んに出す。給餌音に対する反応は，生まれてから三，四日たったヒナで現れたので，この時期に給餌音を学習したことがわかる。

（狩野康比古「オオセグロカモメのコミュニケーション」

『エレクトロニクス』24巻6号　を参考に作成）

問1　「カァー」という音を聞いてヒナが親鳥に近づいて行くのはなぜですか。　　11

1．親鳥に敵から身を守ってもらうため
2．親鳥からえさをもらうため
3．親鳥から鳴き声を学習するため
4．親鳥からえさのとり方を教えてもらうため

問2　給餌音，警戒音へのヒナの反応に関する実験と観察からわかることは何ですか。

12

1．給餌音への反応も警戒音への反応も，学習によるものである。
2．給餌音への反応も警戒音への反応も，生まれたときから備わっている。
3．給餌音への反応は学習によるが，警戒音への反応は生まれつき備わっている。
4．給餌音への反応は生まれつき備わっているが，警戒音への反応は学習による。

XII　次の文章を読んで後の問いに答えなさい。

　大事な用件を電話で伝え，即答を求める人がいる。受けた方も経験が乏しいと，なんとしても即答しないといけないように思って，よく考えもしないで，返事をしてしまうことがある。しばらくすると，しまった，早まった，と思うが，取消しの電話をするのもはばかられる。ぐずぐずしているうちに，具体的に処理しなくてはならなくなって，苦労する。こういうことが何度かあると，電話の返事に慎重になる。心ある人は，熟慮を要するようなことは電話で伝えることを控える。手紙で書けば，相手にはたっぷり考える時間がある。

　といって，ずっと，その問題を考えつめるというようなことはない。しようと思ってもそんなことは出来るわけがない。あれこれほかのこともしなくてはならないから，自然に時間が経つ。

　それが，考えをまとめるのにはよいのである。ほかのことに気をとられて，時が経っていくうちに，余計なことはどんどん消えて，忘れていって，頭にかかっていた雲がはれるように，問題の本質がはっきり見えるようになる。忘却の力で，頭が整理され，したがって，自由に，適当な判断ができるというわけである。

(外山滋比古『忘却の整理学』筑摩書房)

問1　筆者は，大事な用件はどのような方法で伝えられるのがよいと述べていますか。　　　13

1．電話のほうが手紙より早く返事ができるのでよい。
2．電話のほうが手紙より慎重に返事ができるのでよい。
3．手紙のほうが電話より心がこもっているのでよい。
4．手紙のほうが電話よりゆっくり考えて返事ができるのでよい。

問2　この文章の内容と合っているものはどれですか。　　　14

1．時間をおくと，不要なことは考えなくなり，適切な判断ができる。
2．時間をかけて考え続ければ，正しい判断をすることができる。
3．なんでも即答し，早く問題を解決することが大事である。
4．頭をつかうのをやめて，問題の解決を避けて生きることが大事である。

このページには問題はありません。
次のページに進んでください。

XIII　次の文章を読んで後の問いに答えなさい。

　　今日の図書館は，収集・保存した資料を地域住民に提供することによって，住民の知る権利を保障する，知識や情報の社会的保障装置です。図書館資料は，地域住民が共有する知的資源であり，その資源の実質的な利用も地域住民に共有，還元されなければなりません。

　　…（略）…　図書館は「本の海」です。図書館を利用することは，その「海」から求める一冊を検索することです。それは容易なことではありません。そのため，図書館利用には一定のリテラシーが求められます。例えば，分類や配架，サインなどの知識です。

　　しかし図書館資料が，そうしたリテラシーを習得した人の独占物になるのでは，知識や情報の社会的保障装置としての図書館は，その存在意義を失ってしまいます。自らのリテラシーで図書館資料を検索できない利用者に対しては，図書館側が支援・援助をおこなうことによって，資源の実質的共有を図る必要があります。情報を求める利用者に対しておこなわれるレファレンスサービス（reference service）は，こうした(1)図書館資料の社会的共有を図る有力な方法です。

　　それは，学校図書館も同様です。「知りたい」ことがありながら，その情報を見つけ出せない子どもはたくさんいます。学習のなかで生じた課題や疑問を学校図書館資料を利用して解決したいと思っても，できない子どもがたくさんいます。いや，そうした課題や疑問を，学校図書館で解決しようとは思わない，解決できるとは思わない子どももたくさんいます。(2)学校図書館と疑問の解決とが直接的に結び付かない子どもたちです。このような状況は，学校図書館が，学校教育に「欠くことのできない」（学校図書館法第一条）教育環境であることを思うととても残念です。それだけに，学校図書館は，子どもたちに，学校図書館資料の共有化を図る方途を考えなければなりません。

（渡邊重夫『子どもの人権と学校図書館』青弓社）

問1　下線部(1)「図書館資料の社会的共有」の指すものとして最も適当なものはどれですか。　　　　　　　　　　　　　　　　　　　　　　　　　15

1．地域住民に郷土資料を図書館に寄付するように呼び掛けること
2．地域ごとに郷土資料などが豊富にそろっていること
3．どの地域の図書館からも資料や本を取り寄せて借りられること
4．図書館の資料が，誰でも簡単に利用できること

問2　下線部(2)「学校図書館と疑問の解決とが直接的に結び付かない」とありますが，子どもたちがそうなるのはどうしてですか。　　　　　　16

1．学校の図書館での本の借り方がわからないから
2．学校の図書館で自分の欲しい本を探す方法を知らないから
3．学校の図書館で必要な情報が見つけられることを知らないから
4．学校の図書館には子どもの読みたい本がないから

XIV　次の文章を読んで後の問いに答えなさい。

　　講義形式のような受け身の授業ではなく，グループワークをおこなったり，実験や実習をおこなったりして，学生の主体的な活動を引き出すような授業が楽しいという声が，学生からよく聞かれます。

　　体験型の授業のほうが，講義形式よりも主体的な学習を引き出すというのは本当でしょうか。

　　本来，遊びのような活動から何かを学ぶということは難しいことです。なぜなら，遊んでいる楽しさと，学んでいる楽しさを混同してしまうからです。ただ遊んでいて楽しいというだけですごしてしまうリスクがあるのです。

　　とくに，基礎的な知識がないなど，学習が効果的に積み重ねられていない場合，体験学習は単なる目新しい活動で終了してしまいがちです。基礎的な知識があって，体験を学習に結びつけていける人と，そうでない人との格差が拡大しやすい学習の形態だといえます。

　　それに，講義形式は主体的な学習をもたらさないなどと，どうしていえるでしょうか。講義を聞きながら，この理論が他のどんな事象に応用可能かを考えたり，どうやったら反証することができるか悩んだりすることは，講義形式の授業でも十分に起こりえます。

　　黙々とノートをとって，教科書の言われたところに線を引くだけの学習をしていれば，確かにそれは主体的な学習をもたらさないでしょう。それは，授業の受け方が受け身だというだけで，講義が本質的に主体的な活動をもたらさないというわけではありません。

　　　　　（寺崎里水「大学での学習」植上一希他『大学生になるってどういうこと？』大月書店）

問1　講義形式の授業について，この文章で述べられているものはどれですか。　　17

1．ノートを取れば基礎的な知識が身につきやすい。
2．授業の受け方次第で主体的な学習を引き出すことができる。
3．受講する学生の間に能力の格差が拡大しやすい。
4．学生から主体的な学習を引き出すことができない。

問2　体験学習を効果的なものにするのに必要なことはどれですか。　　18

1．目新しい活動
2．主体的な学習
3．基礎的な知識
4．体験後の講義

XV　次の文章を読んで後の問いに答えなさい。

　　一般的に「つながり」とは，AとBという独立した存在があり，そのあいだに関係が結ばれていること，そんなイメージだと思います。…（略）…　でも，AやBは，最初からAやBとして独立して存在しているのか？　そう考えてみるとどうでしょう。

　　ある人が「子ども」であるのは，あきらかにその「親」との関係においてです。ひとりで「子ども」であることはできません。「親」も同じです。…（略）…　私たちは，そうしてだれかとの関係において自分らしさを意識しているはずです。

　　つまりAやBは，はじめからそういうものとして存在しているというより，人間関係のなかではじめてAやBであることができる。そう考えられます。ここで重要なのは，AやBという個人ではなく，そのAとBを関係づける「つながり」のほうです。

　　いま「社会が分断されている」「社会からつながりが失われている」とよく言われます。右派と左派とか，国論が二分しているとか，貧富の格差が拡大しているとか，大きな社会問題としてよく耳にします。どうしたら分断を乗り越えられるのか，なぜ社会のつながりが失われてきたのか，議論になっています。

　　たしかに，とても重要な問題です。でもさきほどのような意味で「つながり」をとらえると，意見の対立や格差の拡大した状態を「つながりが失われている」とは言えなくなります。

　　「分断」は，かならずしも「つながり」が失われた状態ではない。激しく対立し，分断しているように見えるのは，むしろ両者がつながっているからかもしれない。そう考えると，世の中が少し違って見えるはずです。

　　　　（松村圭一郎『NHK出版　学びのきほん　はみだしの人類学　ともに生きる方法』NHK出版）

問1　下線部「さきほどのような意味」を最もよく表しているものはどれですか。　⬜19

1．はじめから独立して存在しているＡやＢの関係

2．互いに相手がいるからＡやＢであるという関係

3．対立するＡとＢという個人のあいだの関係

4．社会のなかで分断されたＡとＢという集団のあいだの関係

問2　この文章の内容と合っているものはどれですか。　⬜20

1．意見の対立が生まれるのは，社会のなかに人と人の関係があるからだ。

2．現代社会における分断は，人々のあいだの関係が弱くなったため生じた。

3．人と人の関係は，生まれたときから決まっている。

4．現代社会では，個人を重視し，人々のあいだの関係を軽視する傾向がある。

XVI　次の文章を読んで後の問いに答えなさい。

　　私たちは鏡を日常的に使い，そこに映った姿が自分のものであることを知っている。鏡の像を自分であると認知することを「鏡像認知」といっている。では人間の幼児や動物は鏡像認知ができるだろうか。以前にカーブ・ミラーに映った自分の姿を攻撃する小鳥の映像を見たことがあるが，その鳥は鏡像を他の個体と思い込み攻撃していた。鏡像認知はできなかったのである。

　　生まれてはじめて鏡を見せられた幼児や動物が示す反応には，一つのパターンがある。はじめて鏡を見ると，彼らは怖がったり攻撃しようとしたり手を差し延べたりする。こうした行動は他の個体に対するものと同じで，社会行動と呼ばれる。これに続き探索行動が現れる。鏡のなかに他の個体がいるか確認するように，鏡の裏に手を回したり，裏を覗いたりする。こうした行動に続き，鏡の姿が同じことをするのを確認するような協応行動が現れる。鏡を見ながら手を振ったり，体をゆすったりする。そして最終的には，鏡を見ながら舌を出したり自分の体の一部に触れたりする，自己志向行動が現れる。

　　社会行動や探索行動は鏡のなかの姿を他個体と見なした結果であり，自己志向行動は鏡のなかの姿を自分のものと認知した結果である。後者の行動が確認されたら鏡像認知ができたと見なせる。鏡像認知を証明する確実な方法として，マークテストがある。気づかれないように目の上や額に口紅などで印をつけて，鏡を見た幼児や動物が，鏡のではなく，自分自身の印に手を伸ばすかを調べる。これができるということは，鏡の姿を自分だと理解していると見なせる。このテストに合格すれば，鏡像認知ができたと判定する。

（今福道夫『おとなのための動物行動学入門』昭和堂）

問1　下線部「カーブ・ミラーに映った自分の姿を攻撃する小鳥」の行動は，次のどれで
　　すか。　　　　　　　　　　　　　　　　　　　　　　　　　　　　　　　　21

1．社会行動
2．探索行動
3．協応行動
4．自己志向行動

問2　子どもの顔にひそかに印をつけ，鏡を見せたとき，子どもがどのような反応をすれ
　　ば鏡像認知ができたと判定されますか。　　　　　　　　　　　　　　　　22

1．鏡に映った印を見て，鏡の中の印をとり除こうとする。
2．鏡に映った印を見て，鏡の中の印に手を差し延べる。
3．鏡に映った印を見て，自分の顔の印を触ろうとする。
4．鏡に映った印を見ても，興味を示さず，何も反応しない。

XVII　次の文章を読んで後の問いに答えなさい。

　「仕事が順調に進む」という事柄の，「順調に」の部分を＊オノマトペを使って表したければ，一番普通なのは「どんどん」という擬態語です。ところが最近では，「どんどん」の代わりに「さくさく」を使う人が目立つようになってきました。

　「さくさく」は，「雪の上をさくさく歩く」のように使われる時には，雪や砂などが崩れる音を表す擬音語です。また，「キャベツをさくさく切る」のように，野菜や果物を軽快に切る様子を表す擬態語としても使われます。

　仕事の進み方について「さくさく」を使うのは，もちろん野菜や果物を切る時の順調な様子からの類推によるものです。「どんどん」であれば，仕事だろうが勉強だろうが，大体の作業について，それが順調に進む様子を表すことができます。一方で，「さくさく」は，野菜などの切断についてしか用いられないのが，日本語の一応の原則です。ですから，「仕事がさくさく」と言うのは，その原則には違反していることになります。

　（　Ａ　），「さくさく」が，野菜や果物という限定があるにしても，順調に進む様子を表していることは確かです。しかも，「どんどん」には「ど」という濁音があって，「ころころ」に対する「ごろごろ」のように，なんとなく鈍重な感じがしないでもありません。一方で「さくさく」の「さ」は，「さらさら」や「さやさや」などのオノマトペがあることからも感じられるように，軽快なイメージを与える音だと言えます。だとすると，「どんどん」よりも「さくさく」の方が，物事が順調に進む様子を表すオノマトペとしてはいいようにも思えてきます。

　多分こういった理由で，すでに日本語のオノマトペとして定着していた<u>「さくさく」の用法についての制限</u>が取り払われて，いろんな種類の作業が順調に進む様子を，このオノマトペが一般的に表すことができるようになったのではないかと思います。

（町田健『変わる日本語その感性』青灯社）

　＊オノマトペ：擬態語，擬音語のこと

問1　（　Ａ　）に入るものとして，最も適当なものはどれですか。　23

1．とは言え
2．もし
3．そこで
4．ついに

問2　下線部「『さくさく』の用法についての制限」とは，どのような制限ですか。　24

1．擬音語としては，雪や砂が崩れる音を表す時のみに使われるという制限
2．擬音語としては，軽快なイメージを与える音を表す時のみに使われるという制限
3．擬態語としては，仕事や勉強が順調に進む様子を表す時のみに使われるという制限
4．擬態語としては，野菜や果物を軽快に切る様子を表す時のみに使われるという制限

問3　筆者は，「仕事がさくさく進む」という表現について，何と述べていますか。　25

1．最近使われるようになってきたが，そのうち使われなくなるはずだ。
2．軽快なイメージを与えることから，一般的に使われるようになった。
3．日本語の原則に反しているため，受け入れがたい表現である。
4．実際の音に非常に近いので，耳によくなじむ表現である。

——— このページには問題はありません。———

聴読解問題

説明

聴読解問題は，問題冊子に書かれていることを見ながら，音声を聴いて答える問題です。

<u>問題は一度しか聴けません。</u>

それぞれの問題の最初に，「ポーン」という音が流れます。これは，「これから問題が始まります」という合図です。

問題の音声の後，「ポーン」という，最初の音より少し低い音が流れます。これは，「問題はこれで終わりです。解答を始めてください」という合図です。

選択肢１，２，３，４の中から答えを一つだけ選び，聴読解の解答欄にマークしてください。

１番の前に，一度，練習をします。

聴読解問題

練習

　学生がコンピュータの画面を見ながら先生の説明を聞いています。学生は今，画面のどの項目を選べばいいですか。

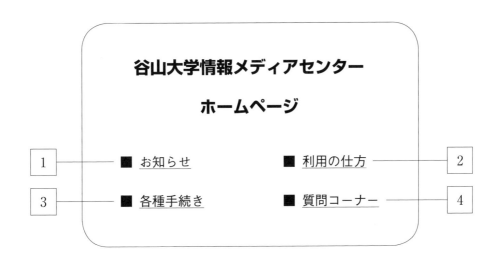

1番

　先生が，ミツバチについて話しています。ミツバチが警戒音を発するとき，情報はどのように流れますか。　　　　　　　　　　　　　　　　　　　　　　　　　　　　　1

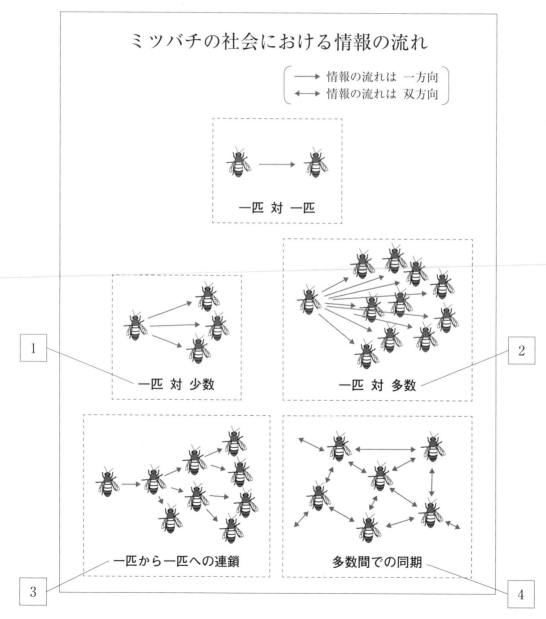

（佐々木正己「第5章　ミツバチの社会システムは『超脳』だ！」
山口恒夫監修『昆虫はスーパー脳』技術評論社　を参考に作成）

2番

　先生が，経営学の授業で，消費者の行動に影響を与える要因について話しています。この先生が最後にする質問の答えはどれですか。　　　　　　　　　　　　2

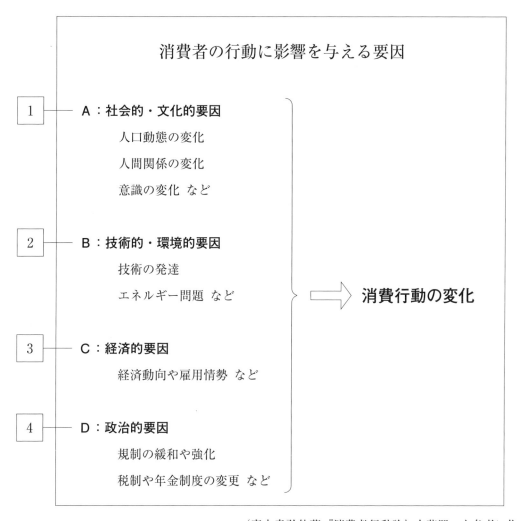

（青木幸弘他著『消費者行動論』有斐閣　を参考に作成）

3番

　先生が，オフィスの照明について話しています。実験の結果に関して，この先生が最後にする質問の答えはどれですか。　　　　　　　　　　　　　　　　　　3

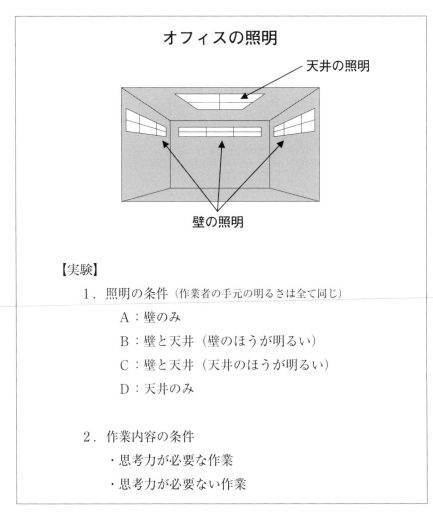

（Erina Kakehashi et.al.「Physiological and Psychological Effects of OLED Lighting Location on Office Work Efficiency」『International Journal of Affective Engineering』Vol.17 No.2　を参考に作成）

1．A

2．B

3．C

4．D

4番

　先生が，薬が体に入ってから効果を発揮するまでの流れについて話しています。この先生は，図のどの部分から薬を吸収させれば，有効成分が失われにくいと言っていますか。

4

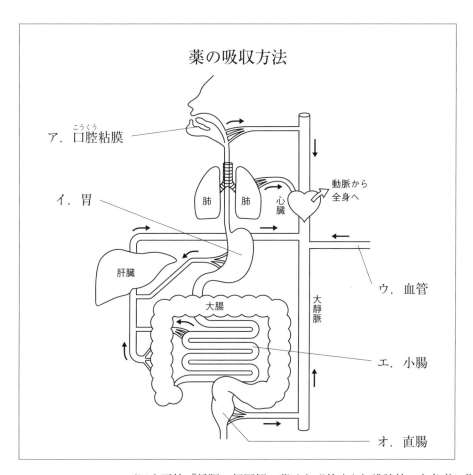

（田中正敏『新版　超図解　薬はなぜ効くか』講談社　を参考に作成）

1．ア・イ・エ

2．ア・ウ・オ

3．イ・ウ・オ

4．ウ・エ・オ

5番

先生が，現代の食事の問題について説明しています。この先生は，子どもの食事の問題には，図の中のどれとどれが関わっていると言っていますか。 5

```
現代の食事の問題
～「こしょく」とは？～

┌─────────────────────────┐
│        A  個食          │
│   家族が同じテーブルでそれぞれ  │
│      別々のものを食べること    │
└─────────────────────────┘

┌──────────────┐  ┌──────────────┐
│   B  小食    │  │   C  孤食    │
│ 食べる量が少ないこと， │  │  ひとりで孤独に   │
│   ダイエットなど   │  │   食べること    │
└──────────────┘  └──────────────┘

┌─────────────────────────┐
│        D  固食          │
│   好きなものばかり食べること，  │
│   食べるものが固定していること  │
└─────────────────────────┘
```

1．AとB
2．BとD
3．AとC
4．CとD

6番

　女子学生と男子学生が，幸福度について話をしています。この女子学生がこのあと調べようとしているのは，グラフのどの部分についてですか。　6

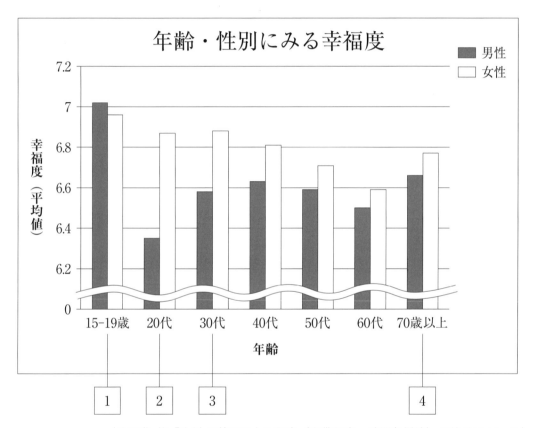

（桑原進 他「生活の質に関する調査（世帯調査：訪問留置法）の結果について」
内閣府経済社会総合研究所　を参考に作成）

7番

先生が，植物の接触センサーの仕組みについて話しています。この先生の説明に従って，この仕組みが働く順に図を並べるとどうなりますか。　7

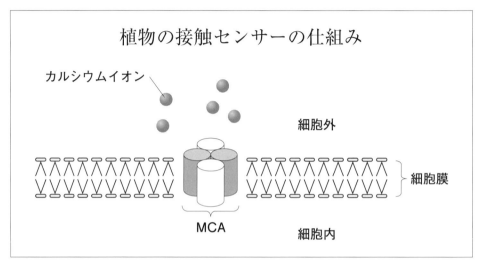

植物の接触センサーの仕組み

カルシウムイオン

細胞外

細胞膜

MCA

細胞内

（永井理「植物の接触センサー分かった」『中日新聞』2021年11月29日朝刊　を参考に作成）

ア．カルシウムイオンが細胞内
　　の遺伝子や酵素を働かせる

イ．　カルシウムイオンが
　　　移動する

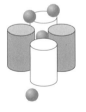

ウ．　細胞がゆがんで
　　　膜が引っ張られる

エ．　MCAの中心に
　　　すきまができる

1．ア→イ→ウ→エ

2．イ→ア→ウ→エ

3．ウ→エ→イ→ア

4．エ→イ→ア→ウ

8番

先生が，自然の多い農村を訪れる「農村観光」について話しています。先生は資料のどの部分について話していますか。 $\boxed{8}$

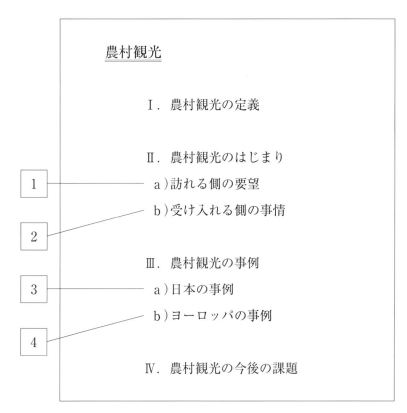

（堂下恵「グリーンツーリズム―京都府美山町」山下晋司編『観光文化学』新曜社を参考に作成）

9番

先生が，蓋_{ふた}がついた紙パックの容器の工夫について説明しています。この先生が，特に
注目すべきだと言っているのは，図のどの部分についてですか。　　　9

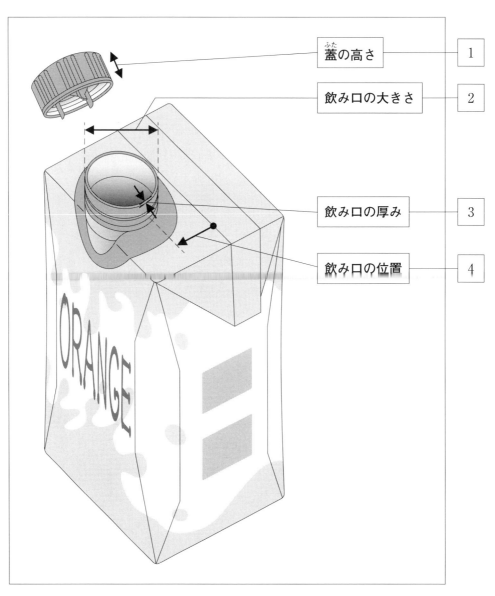

（日本経済新聞電子版　2015年 4 月27日　を参考に作成）

10番

　先生が，板の種類とその性質について説明しています。この先生の話によると，樽(たる)と桶(おけ)には（A）と（B），どちらの板を使うのがいいですか。　　10

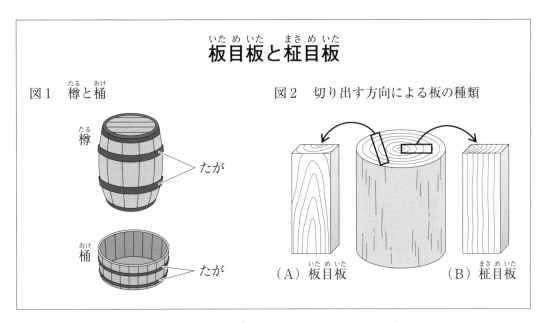

板目板(いためいた)と柾目板(まさめいた)

図1　樽(たる)と桶(おけ)

樽(たる)

たが

桶(おけ)

たが

図2　切り出す方向による板の種類

（A）板目板(いためいた)　　　（B）柾目板(まさめいた)

（「『月刊 梅江製材所』第77回『柾目と板目の違いについて』」

https://www.umee-seizaisho.com/special77.html／　佐々木朗「マイスターのQ＆A」

https://www.sasakivn.com/werkstatt/qa/spiegelschwarten.htm　を参考に作成）

1．樽(たる)にも桶(おけ)にも，（A）がよい。
2．樽(たる)にも桶(おけ)にも，（B）がよい。
3．樽(たる)には（A），桶(おけ)には（B）がよい。
4．樽(たる)には（B），桶(おけ)には（A）がよい。

11番

　先生が授業で，消費者の購買行動について話しています。この先生が最後に例として挙げる消費者の購買行動は，どのタイプですか。 11

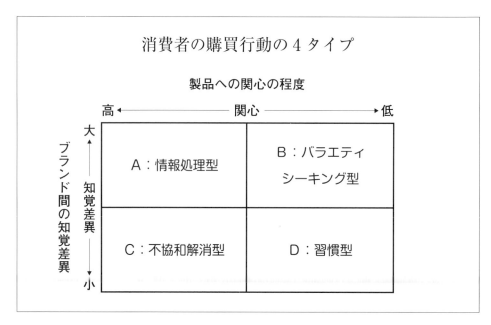

（「Webサイトの方向性を決めるには『購買行動類型』が使える」

https://beehave.infodex.co.jp/entry/webassael　を参考に作成）

1．A
2．B
3．C
4．D

12番

　先生が，ナメクジという生き物について話しています。この先生の話によると，Bの実験の後，ナメクジはどうなりますか。　12

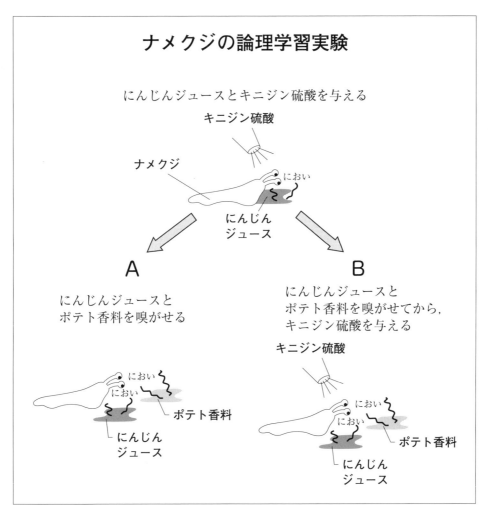

ナメクジの論理学習実験

にんじんジュースとキニジン硫酸を与える

キニジン硫酸

ナメクジ

におい

にんじんジュース

A

にんじんジュースとポテト香料を嗅がせる

におい
におい
ポテト香料
にんじんジュース

B

にんじんジュースとポテト香料を嗅がせてから，キニジン硫酸を与える

キニジン硫酸

におい
におい
ポテト香料
にんじんジュース

（松尾亮太『考えるナメクジ──人間をしのぐ驚異の脳機能』さくら舎　を参考に作成）

1．にんじんジュースだけを嫌う。
2．ポテト香料だけを嫌う。
3．にんじんジュースもポテト香料も嫌う。
4．にんじんジュースもポテト香料も嫌わない。

───── このページには問題はありません。─────

聴解問題

説明

聴解問題は，音声を聴いて答える問題です。問題も選択肢もすべて音声で示されます。問題冊子には，何も書かれていません。

問題は一度しか聴けません。

このページのあとに，メモ用のページが3ページあります。音声を聴きながらメモをとるのに使ってもいいです。

聴解の解答欄には，『正しい』という欄と『正しくない』という欄があります。選択肢1，2，3，4の一つ一つを聴くごとに，正しいか正しくないか，マークしてください。正しい答えは一つです。

一度，練習をします。

この問題冊子を持ち帰ることはできません。

－　メ　モ　－

理　科

（８０分）

【物理・化学・生物】

※　3科目の中から，<u>2科目</u>を選んで解答してください。

※　<u>1科目を解答用紙の表面に解答し，もう1科目を裏面に</u>解答してください。

Ⅰ　試験全体に関する注意

1. 係員の許可なしに，部屋の外に出ることはできません。

2. この問題冊子を持ち帰ることはできません。

Ⅱ　問題冊子に関する注意

1. 試験開始の合図があるまで，この問題冊子の中を見ないでください。

2. 試験開始の合図があったら，下の欄に，受験番号と名前を，受験票と同じように記入してください。

3. 各科目の問題は，以下のページにあります。

科目	ページ
物理	1　～　21
化学	23　～　38
生物	39　～　52

4. 足りないページがあったら，手をあげて知らせてください。

5. 問題冊子には，メモや計算などを書いてもいいです。

Ⅲ　解答用紙に関する注意

1. 解答は，解答用紙に鉛筆（ＨＢ）で記入してください。

2. 各問題には，その解答を記入する行の番号 **1**, **2**, **3**, …がついています。解答は，解答用紙（マークシート）の対応する解答欄にマークしてください。

3. 解答用紙に書いてある注意事項も必ず読んでください。

※　試験開始の合図があったら，必ず受験番号と名前を記入してください。

受　験　番　号			＊				＊				
名　　　前											

物理

$\boxed{\text{I}}$　次の問い **A**（問1），**B**（問2），**C**（問3），**D**（問4），**E**（問5），**F**（問6）に答えなさい。ただし，重力加速度の大きさを g とし，空気の抵抗は無視できるものとする。

A　次の図のように，質量が無視できる細い棒の一端 **A** に軽い糸1を，他端 **B** に軽い糸2をつけて天井からつるす。さらに，棒の中心からずれた位置に軽い糸をつけ質量 m のおもりをつるしたところ，棒が水平で，糸1と水平方向のなす角が $60°$，糸2と水平方向のなす角が $30°$ の状態で棒が静止した。糸1の張力を T_1，糸2の張力を T_2 とする。

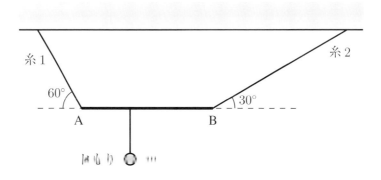

問1　T_2 はどのように表されるか。正しいものを，次の①～④の中から一つ選びなさい。

$\boxed{1}$

①　$\dfrac{1}{4}mg$　　　②　$\dfrac{\sqrt{3}}{4}mg$　　　③　$\dfrac{1}{2}mg$　　　④　$\dfrac{\sqrt{3}}{2}mg$

B　次の図のように，水平面とのなす角が30°のなめらかな斜面がある。斜面上の点O で小物体Aに斜面に沿って上向きに初速 v_0 を与えるのと同時に，Oからの高さが h の斜面上の点Pで小物体Bを静かにはなす。Aが上昇中にBと衝突するためには，v_0 はある速さ v_1 より大きくなければならない。

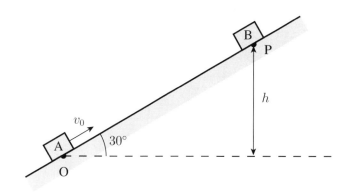

問2　v_1 はどのように表されるか。正しいものを，次の①～④の中から一つ選びなさい。

2

①　$\dfrac{\sqrt{gh}}{2}$　　　②　$\dfrac{\sqrt{2gh}}{2}$　　　③　$\sqrt{gh}$　　　④　$\sqrt{2gh}$

C　次の図のように，円筒形の一様な物体 A を，はかりにのせた容器中の水に浮かせたところ，A は上面を水平にして浮いた。A の水面の上に出ている部分の体積は A の全体積の 20.0 % であった。このとき，はかりの表示は 5.00×10^{-1} kg であった。次に，細い棒で A の上面の中心を鉛直方向下向きに押して，上面を水平に保ちながら，A を全て水中に沈めた。このとき，A は容器に接触していない状態で，はかりの表示は 5.50×10^{-1} kg であった。

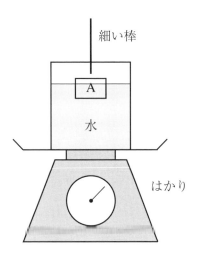

問3　A の質量は何 kg か。最も適当な値を，次の①〜⑥の中から一つ選びなさい。

3　kg

①　4.0×10^{-2}　　　　②　6.3×10^{-2}　　　　③　1.0×10^{-1}

④　2.0×10^{-1}　　　　⑤　2.5×10^{-1}　　　　⑥　4.0×10^{-1}

理科－5

D 次の図のように，水平な床の上に固定された高さ h の台の水平でなめらかな上面で，ばね定数 k のばねの一端を台上の壁に固定した。そのばねの他端に質量 m の小物体 P を押し付けて，ばねの自然長の位置 O から距離 d だけ縮めて静かにはなすと，P は台の上面を移動し，台の端に静止していた質量 $2m$ の小物体 Q に弾性衝突をした。その後 Q は台を飛び出して，台の端からの水平距離が x の位置で床の上に落ちた。

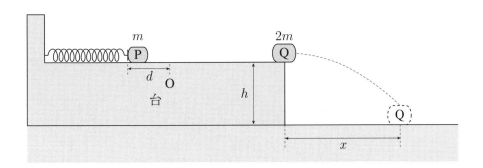

問4　x はどのように表されるか。正しいものを，次の①～⑧の中から一つ選びなさい。

4

①　$\dfrac{2d}{3}\sqrt{\dfrac{hk}{mg}}$　②　$\dfrac{2d}{3}\sqrt{\dfrac{2hk}{mg}}$　③　$\dfrac{3d}{4}\sqrt{\dfrac{hk}{mg}}$　④　$\dfrac{3d}{4}\sqrt{\dfrac{2hk}{mg}}$

⑤　$\dfrac{2d}{3}\sqrt{\dfrac{mg}{hk}}$　⑥　$\dfrac{2d}{3}\sqrt{\dfrac{mg}{2hk}}$　⑦　$\dfrac{3d}{4}\sqrt{\dfrac{mg}{hk}}$　⑧　$\dfrac{3d}{4}\sqrt{\dfrac{mg}{2hk}}$

E 　図1のように，なめらかな水平面上で，一端を固定した軽いばねの他端に質量 m の小物体Aを接触させ，Aを押してばねを自然長の状態から距離 d 縮めたのち，静かにはなした。Aは，ばねが自然長になったときばねから離れて，なめらかな水平面上を運動した後，摩擦のある水平面上を距離 L_0 進んで静止した。次に，図2のように，質量 $3m$ の小物体Bを同じばねに接触させ，Bを押してばねを自然長の状態から距離 $2d$ 縮め静かにはなしたところ，Bはなめらかな水平面上を運動した後，摩擦のある水平面上を距離 L_1 進んで静止した。Aと摩擦のある水平面の間の動摩擦係数と，Bと摩擦のある水平面の間の動摩擦係数は等しい。

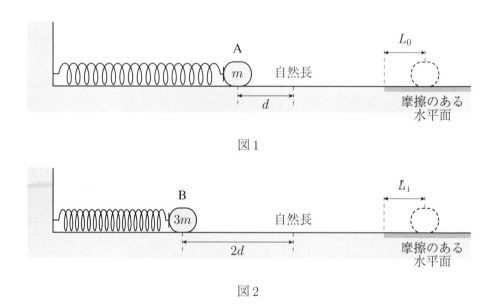

図1

図2

問5　$\dfrac{L_1}{L_0}$ はいくらか。正しい値を，次の①～⑥の中から一つ選びなさい。　　$\boxed{5}$

① $\dfrac{1}{6}$　　　　　　② $\dfrac{2}{3}$　　　　　　③ $\dfrac{3}{4}$

④ $\dfrac{4}{3}$　　　　　　⑤ $\dfrac{3}{2}$　　　　　　⑥ 6

F 次の図のように，AB間は直線，BCD間は半径rの円弧になっている摩擦のない斜面がある。直線ABと円弧BCDはなめらかにつながっている。この斜面上を，最下点Cからの高さがrの点Aから質量mの小物体が静かにすべり始める。Cで小物体にはたらく垂直抗力の大きさをNとする。

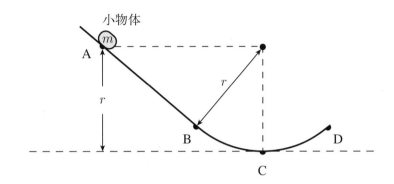

問6　Nはどのように表されるか。正しいものを，次の①～⑤の中から一つ選びなさい。

$\boxed{6}$

① mg　　② $\dfrac{3}{2}mg$　　③ $2mg$　　④ $\dfrac{5}{2}mg$　　⑤ $3mg$

Ⅱ 次の問い **A**（問1），**B**（問2），**C**（問3）に答えなさい。

A 銅製の容器の中に質量200 gの水を入れて，全体を断熱容器に入れた。じゅうぶん時間がたった後，銅製容器と水の温度が10 ℃になった。次に，銅製容器中の水の中に質量100 g，温度65 ℃の金属 A を入れた。じゅうぶん時間がたった後，銅製容器と水と金属 A の温度が15 ℃になった。銅製容器の熱容量を60 J/Kとし，水の比熱を4.2 J/(g・K)とする。熱の移動は銅製容器と水と金属 A の間だけで起こるものとする。

問1 金属 A の比熱は何 J/(g・K)か。最も適当な値を，次の①～⑥の中から一つ選びなさい。 $\boxed{7}$ J/(g・K)

① 0.7 　　　　　② 0.8 　　　　　③ 0.9

④ 7 　　　　　　⑤ 8 　　　　　　⑥ 9

B 次の図のように，体積 V_A の断熱容器 A と，体積 V_B の断熱容器 B が，断熱材でできた体積の無視できる細管でつながれている。細管には断熱材でできたコックがあり，最初コックは閉じられていた。この状態で，A 内には理想気体が入っていて，その圧力は p_0，絶対温度は T_0 であった。B 内は真空であった。次に，コックを開いてじゅうぶん時間がたった後，A 内の気体の圧力が p_1 となった。A，B，細管，コックの熱容量は無視できるものとする。

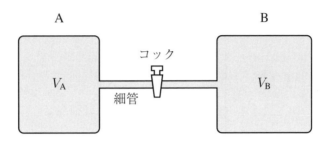

問2　p_1 はどのように表されるか。正しいものを，次の①～⑦の中から一つ選びなさい。

8

①　$\dfrac{V_A}{V_A + V_B} p_0$　　②　$\dfrac{V_B}{V_A + V_B} p_0$　　③　$\dfrac{V_A}{V_B} p_0$　　④　p_0

⑤　$\dfrac{V_A + V_B}{V_A} p_0$　　⑥　$\dfrac{V_A + V_B}{V_B} p_0$　　⑦　$\dfrac{V_B}{V_A} p_0$

C 　一定量の理想気体をシリンダーの中に入れ，その状態を次のp–V図のように，経路1に沿って，状態 A→ 状態 B と変化させたとき，理想気体は 60 J の熱を吸収し，外部に 30 J の仕事をした。次に，理想気体の状態を経路2に沿って，状態 B→ 状態 A と変化させたとき，理想気体は外部から 20 J の仕事をされ，熱量 Q の熱を吸収または放出した。

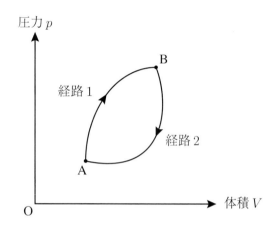

問3　Q は何 J か。また，理想気体は熱を吸収したか，放出したか。最も適当な組み合わせを，次の①～⑥の中から一つ選びなさい。　　　　　9

	Q（J）	吸収または放出
①	70	吸収
②	70	放出
③	50	吸収
④	50	放出
⑤	10	吸収
⑥	10	放出

III 次の問い **A**（問1），**B**（問2），**C**（問3）に答えなさい。

A x軸の正の向きに進む正弦波を考える。図1は，位置座標$x=0\,\mathrm{m}$における変位yと時刻tの関係を示したグラフであり，図2は，時刻$t=0\,\mathrm{s}$における変位yと位置座標xの関係を示したグラフである。このとき，変位yは時刻tと位置座標xの関数として$y=A\sin 2\pi(at+bx)$と表される。

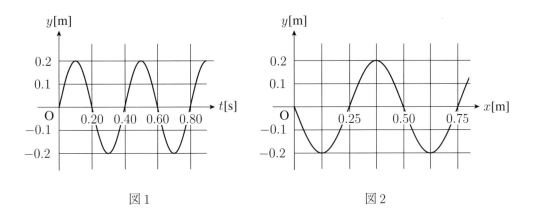

図1   図2

問1 aは何s^{-1}か。また，bは何m^{-1}か。最も適当な組み合わせを，次の①～⑧の中から一つ選びなさい。 **10**

	①	②	③	④	⑤	⑥	⑦	⑧
a (s^{-1})	2.5	2.5	2.5	2.5	5.0	5.0	5.0	5.0
b (m^{-1})	−4.0	−2.0	2.0	4.0	−4.0	−2.0	2.0	4.0

B　次の図のように，ピストンが入っている長さ L のガラス管の開口端付近に音源を設置した。管の開口端からピストンの位置までの距離を d とする。音源から振動数 f_1 の音を出しながらピストンをゆっくりと移動させ，d を 0 から徐々に大きくしていったところ，$d = 0.20 \times L$ のときに最初の共鳴が起き，$d = 0.60 \times L$ のときに次の共鳴が起きた。次に，音源から出す音の振動数を f_2 に変えて同様の実験を行ったところ，$d = 0.25 \times L$ のときに最初の共鳴が起き，$d = 0.75 \times L$ のときに次の共鳴が起きた。音速を V とする。開口端補正は無視できるものとする。

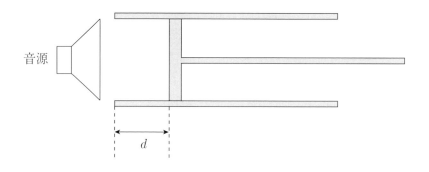

問2　$f_1 - f_2$ はどのように表されるか。最も適当なものを，次の①～⑥の中から一つ選びなさい。　　　　　　　　**11**

① $\quad 0.25 \times \dfrac{V}{L}$

② $\quad 0.50 \times \dfrac{V}{L}$

③ $\quad 1.0 \times \dfrac{V}{L}$

④ $\quad -0.25 \times \dfrac{V}{L}$

⑤ $\quad -0.50 \times \dfrac{V}{L}$

⑥ $\quad -1.0 \times \dfrac{V}{L}$

C　図1のように，空気中で波長 λ の光を格子定数 d の回折格子に垂直に当てたところ，じゅうぶん遠方の入射光に垂直なスクリーン上の点 P に 1 次の回折光（スクリーンの中央以外でスクリーンの中央に最も近い明線をつくる回折光）による明線が見られた。この回折光が入射光となす角は θ_1 であった。次に，図2のように，同じ波長 λ の光を入射角 30° で空気中から屈折率 n の物体の表面に入射させたところ，光は屈折角 θ_2 で物体を透過した。このとき，$\theta_1 = \theta_2$ であった。空気の屈折率を 1 とする。

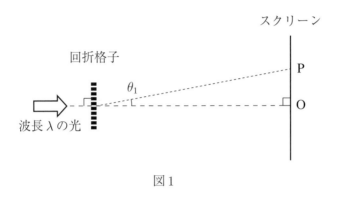

図1

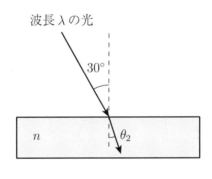

図2

問3　n はどのように表されるか。最も適当なものを，次の①～④の中から一つ選びなさい。　| 12 |

①　$\dfrac{2\lambda}{d}$　　　　②　$\dfrac{\lambda}{2d}$　　　　③　$\dfrac{2d}{\lambda}$　　　　④　$\dfrac{d}{2\lambda}$

IV 次の問い **A**（問 1），**B**（問 2），**C**（問 3），**D**（問 4），**E**（問 5），**F**（問 6）に答えなさい。

A 次の図のように，xy 平面上の点 $(-\ell, 0)$ に電気量 Q（> 0）の点電荷 A を，点 $(\ell, 0)$ に電気量 $2Q$ の点電荷 B を，点 $(0, \ell)$ に電気量 $-Q$ の点電荷 C を固定した。C が A，B から受ける静電気力の x 成分を F_x，y 成分を F_y とする。

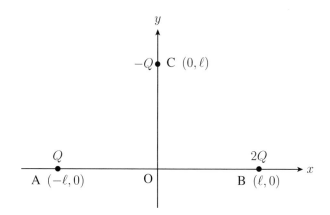

問 1 $\dfrac{F_y}{F_x}$ はいくらか。正しい値を，次の①～⑧から一つ選びなさい。　13

①　$\dfrac{1}{3}$　　　　②　$\dfrac{1}{2}$　　　　③　2　　　　④　3

⑤　$-\dfrac{1}{3}$　　　⑥　$-\dfrac{1}{2}$　　　⑦　-2　　　⑧　-3

B　次の図のように，電気容量が 3.0 μF のコンデンサー 10 個を接続した。最初，全てのコンデンサーに電荷はなかった。次に，端子 A，B の間に 10 V の電位差を与えた。

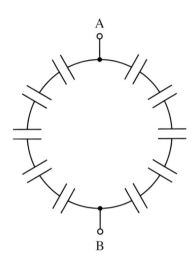

問2　10 個のコンデンサーに蓄えられている静電エネルギーの和は何 μJ か。最も適当な値を，次の①～⑥の中から一つ選びなさい。　**14** μJ

①　15　　　　　　　②　21　　　　　　　③　30

④　42　　　　　　　⑤　60　　　　　　　⑥　75

C 図1のように，抵抗値 R の抵抗 A，B，C と，起電力 E の電池 2 つを接続した。このとき，C を流れる電流の大きさを I_1 とする。次に，図2のように，図1の回路の中の右側の電池の向きを変えた回路を作った。このとき，C を流れる電流の大きさを I_2 とする。電池の内部抵抗は無視できるものとする。

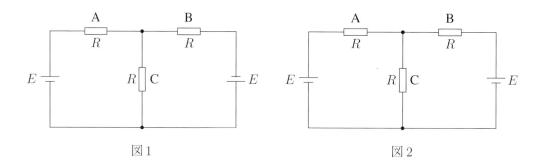

図1   図2

問3　I_1 はどのように表されるか。また，I_2 はどのように表されるか。正しい組み合わせを，次の①～⑥の中から一つ選びなさい。　**15**

	①	②	③	④	⑤	⑥
I_1	0	0	$\dfrac{E}{3R}$	$\dfrac{E}{3R}$	$\dfrac{2E}{3R}$	$\dfrac{2E}{3R}$
I_2	$\dfrac{E}{3R}$	$\dfrac{2E}{3R}$	$\dfrac{E}{3R}$	$\dfrac{2E}{3R}$	$\dfrac{E}{3R}$	$\dfrac{2E}{3R}$

D 　次の図のように，紙面内で距離dだけ離れた平行な2本のじゅうぶんに長い直線導線がある。左側の導線には上向きに大きさI_1の電流が，右側の導線には上向きに大きさI_2の電流が流れている。紙面内で，導線に垂直にx軸をとる。右向きをx軸の正の向きとし，x軸と左側の導線の交点を原点Oとする。x軸上で，2つの電流がつくる磁場を調べたところ，x座標がx_0の位置で，磁場の強さが0になっていた。

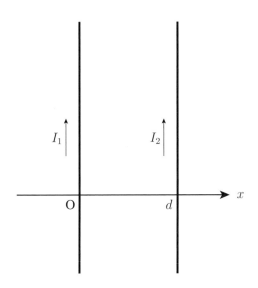

問4　x_0はどのように表されるか。正しいものを，次の①〜⑥の中から一つ選びなさい。

16

①　$\dfrac{I_1}{I_1 + I_2}d$ 　　　②　$\dfrac{I_1}{I_1 - I_2}d$ 　　　③　$\dfrac{I_1}{I_2 - I_1}d$

④　$\dfrac{I_2}{I_1 + I_2}d$ 　　　⑤　$\dfrac{I_2}{I_1 - I_2}d$ 　　　⑥　$\dfrac{I_2}{I_2 - I_1}d$

E　紙面に垂直な方向に一様な磁場が加わっている。この磁場中で，質量 m，正の電気量 q をもつ荷電粒子 A が，次の図のように，紙面内を矢印の向きに速さ v，半径 r の等速円運動をした。同じ磁場中で，質量 M，正の電気量 Q をもつ荷電粒子 B が速さ v，半径 $2r$ の等速円運動をした。

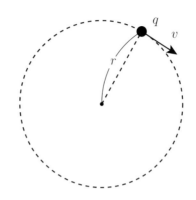

問5　磁場の向きは紙面の裏から表の向きか，紙面の表から裏の向きか。また，B の比電荷 $\dfrac{Q}{M}$ と A の比電荷 $\dfrac{q}{m}$ の比 $\dfrac{Qm}{Mq}$ はいくらか。正しい組み合わせを，次の①～④の中から一つ選びなさい。　　　17

	磁場の向き	$\dfrac{Qm}{Mq}$
①	紙面の裏から表の向き	$\dfrac{1}{2}$
②	紙面の裏から表の向き	2
③	紙面の表から裏の向き	$\dfrac{1}{2}$
④	紙面の表から裏の向き	2

F 次の図のように，2つの抵抗rとR，電池E，スイッチS（最初開いている）を接続した回路を考える。Xはコイルかコンデンサー（最初電荷はない）のどちらかである。Xがコンデンサーの場合を回路（a），Xがコイルの場合を回路（b）とする。それぞれの回路でSを閉じた直後に，Rを流れる電流の大きさをI_0，Sを閉じてじゅうぶん時間がたった後に，Rを流れる電流の大きさをI_1とする。

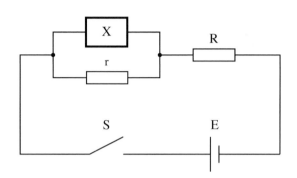

問6　回路（a）でI_0とI_1の大小関係はどうなるか。また，回路（b）でI_0とI_1の大小関係はどうなるか。正しい組み合わせを，次の①～⑥の中から一つ選びなさい。　**18**

	回路（a）	回路（b）
①	$I_0 < I_1$	$I_0 > I_1$
②	$I_0 < I_1$	$I_0 = I_1$
③	$I_0 = I_1$	$I_0 > I_1$
④	$I_0 = I_1$	$I_0 < I_1$
⑤	$I_0 > I_1$	$I_0 = I_1$
⑥	$I_0 > I_1$	$I_0 < I_1$

V 　次の問い **A**（問 1）に答えなさい。

A 　α 粒子をベリリウムの原子核（^9_4Be）に衝突させたところ，中性子が 1 つ放出され，1 つの原子核が得られた。

問 1 　得られた原子核は何か。正しいものを，次の①～⑦の中から一つ選びなさい。 **19**

①　^1_1H 　　　　②　^4_2He 　　　　③　^7_3Li 　　　　④　$^{11}_5\text{B}$

⑤　$^{12}_6\text{C}$ 　　　　⑥　$^{14}_7\text{N}$ 　　　　⑦　$^{16}_8\text{O}$

物理の問題はこれで終わりです。解答欄の $\boxed{20}$ ～ $\boxed{75}$ はマークしないでください。

解答用紙の科目欄に「物理」が正しくマークしてあるか，もう一度確かめてください。

この問題冊子を持ち帰ることはできません。

化学

「解答科目」記入方法

　解答科目には「物理」，「化学」，「生物」がありますので，この中から2科目を選んで解答してください。選んだ2科目のうち，1科目を解答用紙の表面に解答し，もう1科目を裏面に解答してください。

　「化学」を解答する場合は，右のように，解答用紙にある「解答科目」の「化学」を〇で囲み，その下のマーク欄をマークしてください。

科目が正しくマークされていないと，採点されません。

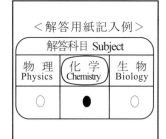

＜解答用紙記入例＞

解答科目 Subject		
物理 Physics	化学 Chemistry	生物 Biology
〇	●	〇

気体は，ことわりがない限り，理想気体（ideal gas）として扱うものとする。

計算には次の数値を用いること。また，体積の単位リットル（liter）はLで表す。

標準状態（standard state）： 0℃，1.01×10^5 Pa（1 atm）

　標準状態における理想気体のモル体積（molar volume）： 22.4 L/mol

気体定数（gas constant）： $R = 8.31 \times 10^3$ Pa・L/(K・mol)

アボガドロ定数（Avogadro constant）： $N_A = 6.02 \times 10^{23}$ /mol

ファラデー定数（Faraday constant）： $F = 9.65 \times 10^4$ C/mol

原子量（atomic weight）： H：1.0　　C：12　　N：14　　O：16　　Na：23

この試験における元素（element）の族（group）と周期（period）の関係は下の周期表（periodic table）の通りである。ただし，**H**以外の元素記号は省略してある。

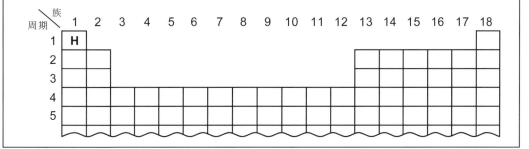

問1　次の原子①～④のうち，中性子（neutron）の数が最も多いものを，一つ選びなさい。

　　　　　　　　　　　　　　　　　　　　　　　　　　　　　　　　　　　　　1

　　①　^{19}F　　　②　^{22}Ne　　　③　^{23}Na　　　④　^{25}Mg

問2　元素 **a**～**d** の原子は，次表に示す電子配置（electron configuration）をもつ。**a**～**d** に関する下の記述①～⑤のうち，正しいものを一つ選びなさい。　　2

原子	電子配置		
	K 殻（K shell）	L 殻（L shell）	M 殻（M shell）
a	2	0	0
b	2	4	0
c	2	8	2
d	2	8	7

　　①　**a** と **b** は周期表の同じ周期に属する。

　　②　**a** と **c** は周期表の異なる族に属する。

　　③　**b** と **c** はどちらも金属元素（metallic element）である。

　　④　化合物 **bd**$_4$ 中の **b** と **d** の間の結合（bond）はイオン結合（ionic bond）である。

　　⑤　化合物 **cd**$_2$ 中の **c** と **d** の間の結合は共有結合（covalent bond）である。

問3　塩化セシウム CsCl の結晶（crystal）は，立方体（cube）の単位格子（unit cell）から
なる（図1）。単位格子中で，セシウムイオン Cs⁺ と塩化物イオン Cl⁻ が互いに接して
いる断面 **abcd** を図2に示す。

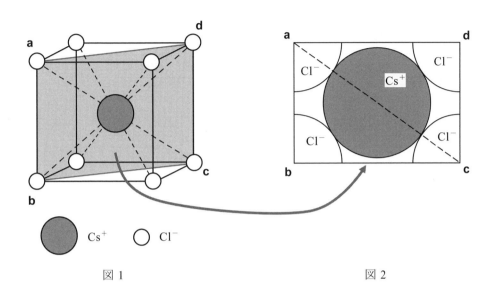

図1　　　　　　　　　　　　　　　　　　図2

　　Cs⁺のイオン半径（ionic radius）を r，Cl⁻のイオン半径を R とするとき，この単位格
子の一辺の長さを表す式として正しいものを，次の①～⑥の中から一つ選びなさい。

3

① 　$r + R$　　　　② 　$\dfrac{\sqrt{2}(r + R)}{2}$　　　　③ 　$\dfrac{\sqrt{3}(r + R)}{3}$

④ 　$2(r + R)$　　　　⑤ 　$\sqrt{2}(r + R)$　　　　⑥ 　$\dfrac{2\sqrt{3}(r + R)}{3}$

問4　大気に含まれる微量気体（minor component gas）の濃度を分子数の比で表す単位に ppm （parts per million，　1 ppm = 1×10^{-6}）がある。現在の大気は 420 ppm の二酸化炭素 CO_2 を含む。1 mL の大気に含まれる CO_2 分子は何個か。最も近い値を，次の①～⑤の中から一つ選びなさい。ここで大気 1 mol の体積は 25 L とする。　　**4**

①　1.0×10^{15}　　②　2.0×10^{15}　　③　1.0×10^{16}　　④　2.0×10^{16}　　⑤　1.0×10^{17}

問5　炭酸水素ナトリウム $NaHCO_3$ と炭酸ナトリウム十水和物 $Na_2CO_3 \cdot 10H_2O$ の混合物がある。この混合物を加熱したところ，分解（decomposition）して二酸化炭素 CO_2 と水が発生し，炭酸ナトリウム Na_2CO_3 が得られた。このとき発生した CO_2 は標準状態で 67.2 L であり，固体の質量（mass）は 222 g 減少した。このとき発生した水は何 mol か。最も近い値を，次の①～⑥の中から一つ選びなさい。ただし，水の体積は無視できるものとする。　　　　　　　　　　　　　　　　　　　　　　　　　　 **5** mol

①　3.0　　　②　4.0　　　③　5.0　　　④　6.0　　　⑤　7.0　　　⑥　8.0

問6　27 ℃ で 1.6 mol の窒素 N_2 を容器に入れ，圧力を 2.0×10^5 Pa とした。このとき窒素の密度（density）は何 g/L か。最も近い値を，次の①～⑤の中から一つ選びなさい。

　　　　　　　　　　　　　　　　　　　　　　　　　　　　　　　　　　　 6 g/L

①　1.1　　　②　2.2　　　③　3.3　　　④　4.4　　　⑤　5.5

問7　温度や容積を変えることのできる容器に三酸化硫黄 SO_3 の気体を入れ，じゅうぶんな時間が経過したところ，次の平衡状態（equilibrium state）に達した。

$$2\,SO_3(気) \rightleftharpoons 2\,SO_2(気) + O_2(気)$$

この式の正反応（forward reaction）は吸熱反応（endothermic reaction）である。

　次の操作①～⑤のうち，式の平衡（equilibrium）を右に移動させるものを一つ選びなさい。ただし，アルゴン Ar は他の物質と反応しない。また，触媒（catalyst）の体積は無視できるものとする。　　　　　　　　　　　　　　　　　　　 7

①　温度を一定にして容積を減少させる。

②　全圧（total pressure）を一定にして温度を低下させる。

③　温度，全圧を一定にしてアルゴンを加える。

④　温度，容積を一定にしてアルゴンを加える。

⑤　温度，容積を一定にして触媒を加える。

問 8 集気びん（gas collecting bottle）に集めたアンモニア NH_3 の量を求めるため，次の実験 **a**，**b** を行った。

a 集気びんに 0.100 mol/L 硫酸 H_2SO_4 aq を 50 mL 加えて，アンモニアを完全に吸収させた。

b 実験 **a** で得られた溶液の中から 10 mL を測り取り，0.100 mol/L 水酸化ナトリウム水溶液 NaOH aq を滴下（add dropwise）したところ，15.0 mL で中和点（neutralization point）に達した。

集気びんに集めたアンモニアは何 mol か。最も近い値を，次の①～⑥の中から一つ選びなさい。　　　　　　　　　　　　　　　　　　　　　　　　　　　　　 **8** mol

① 1.25 × 10⁻³　　② 2.5 × 10⁻³　　③ 5.0 × 10⁻³

④ 1.25 × 10⁻²　　⑤ 2.5 × 10⁻²　　⑥ 5.0 × 10⁻²

問9　次の文中の空欄 **a〜c** に適する数値と単語の組み合わせとして正しいものを，下表の
①〜⑧の中から一つ選びなさい。　　　　　　　　　　　　　　　　　　　　　**9**

　　硫化水素　H_2S　の水溶液と二酸化硫黄　SO_2　の水溶液を反応させると沈殿
（precipitate）ができる。この反応で硫化水素の中の硫黄原子　S　の酸化数（oxidation
number）は，　**a**　から　**b**　へと変化する。このとき，二酸化硫黄は　**c**　として
はたらく。

	a	b	c
①	－2	0	酸化剤
②	＋2	0	酸化剤
③	0	＋2	酸化剤
④	0	－2	酸化剤
⑤	－2	0	還元剤
⑥	＋2	0	還元剤
⑦	0	＋2	還元剤
⑧	0	－2	還元剤

注）酸化剤（oxidizing agent），還元剤（reducing agent）

問 10   次の図のように，鉛蓄電池（lead storage battery）を使い，硫酸銅(II)水溶液 $CuSO_4$ aq を電気分解（electrolysis）した。この実験に関する下の記述①～⑥のうち，正しいものを一つ選びなさい。　　**10**

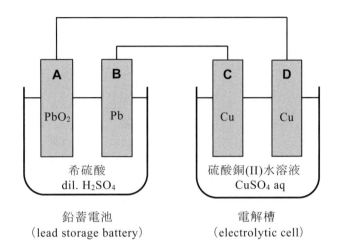

鉛蓄電池
（lead storage battery）　　　　　電解槽
（electrolytic cell）

①   電極（electrode）**A** の質量（mass）は減少した。

②   電極 **B** の質量は減少した。

③   鉛蓄電池の硫酸 H_2SO_4 の濃度は増加した。

④   電極 **C** の質量は増加した。

⑤   電極 **D** の質量は変化しなかった。

⑥   電解槽の硫酸銅(II)の濃度は減少した。

問 11　次の記述①〜④のうち，塩化水素 HCl が酸化剤（oxidizing agent）としてはたらいているものを，一つ選びなさい。　⒒

① 亜鉛 Zn に希塩酸 dil. HCl を加えると気体が発生する。

② 硫化鉄(II) FeS に希塩酸を加えると気体が発生する。

③ 炭酸カルシウム $CaCO_3$ に希塩酸を加えると気体が発生する。

④ 酸化マンガン(IV) MnO_2 に濃塩酸 conc. HCl を加えて加熱すると気体が発生する。

問 12　窒素 N とその化合物に関する次の記述①〜⑤のうち，**誤っているもの**を一つ選びなさい。　⒓

① 窒素 N_2 は，工業的には液体空気の分留（fractional distillation）で得られる。

② アンモニア NH_3 は，工業的には窒素と水素 H_2 から作られる。

③ アンモニアの水溶液の pH は，二酸化窒素 NO_2 の水溶液の pH よりも小さい。

④ 二酸化窒素の N 原子の酸化数（oxidation number）は，硝酸 HNO_3 の N 原子の酸化数よりも小さい。

⑤ 銅 Cu に濃硝酸 conc. HNO_3 を加えると，二酸化窒素が発生する。

問 13　アルミニウム Al と鉄 Fe に関する次の記述 **a**～**d** の中には，正しいものが二つある。
その組み合わせを，下の①～⑥の中から一つ選びなさい。　　　　　　　　　　 13

a　アルミニウムも鉄も，希塩酸 dil. HCl に溶けて水素 H_2 が発生する。

b　アルミニウムも鉄も，水酸化ナトリウム水溶液 NaOH aq に溶けて水素が発生する。

c　アルミニウムも鉄も，濃硝酸 conc. HNO_3 には不動態（passive state）をつくるため
溶けにくい。

d　アルミニウムの水酸化物（hydroxide）はアンモニア水 NH_3 aq に溶けるが，鉄の水酸
化物はアンモニア水には溶けない。

①　**a**, **b**　　　②　**a**, **c**　　　③　**a**, **d**　　　④　**b**, **c**　　　⑤　**b**, **d**　　　⑥　**c**, **d**

問 14　金属イオン（metal ion）M^{2+} を含む塩 $M(NH_4)_2(SO_4)_2 \cdot 6H_2O$ がある。この塩の水溶液
は酸性（acidic）を示した。この水溶液に硫化水素 H_2S の気体を通じても沈殿（precipitate）
は生じなかった。続けて，この水溶液に少量のアンモニア水 NH_3 aq を加えたところ，
黒色の沈殿が生じた。

M^{2+} として最も適当なものを，次の①～⑦の中から一つ選びなさい。　　 14

①　Mg^{2+}　　　②　Ca^{2+}　　　③　Ba^{2+}　　　④　Cu^{2+}

⑤　Fe^{2+}　　　⑥　Zn^{2+}　　　⑦　Pb^{2+}

問15　次の化学反応（chemical reaction）①〜④において，下線をつけた硫黄 S を含む物質が酸化剤（oxidizing agent）としてはたらいているものはどれか。正しいものを一つ選びなさい。　**15**

①　FeS　+　$\underline{H_2SO_4}$　$\longrightarrow$　$FeSO_4$　+　H_2S

②　$\underline{H_2S}$　+　I_2　$\longrightarrow$　2 HI　+　S

③　NaCl　+　$\underline{H_2SO_4}$　$\longrightarrow$　$NaHSO_4$　+　HCl

④　Cu　+　2 $\underline{H_2SO_4}$　$\longrightarrow$　$CuSO_4$　+　2 H_2O　+　SO_2

問16　ある炭化水素（hydrocarbon）0.36 g を完全燃焼（complete combustion）させたところ二酸化炭素 CO_2 1.10 g が得られた。この炭化水素の実験式（empirical formula）にあてはまる化合物を，次の①〜⑥の中から一つ選びなさい。　**16**

①　C_5H_8　　②　C_5H_{10}　　③　C_5H_{12}　　④　C_6H_6　　⑤　C_6H_8　　⑥　C_6H_{14}

問 17　次の記述 **a**～**c** は，アセトアルデヒド（acetaldehyde），エタノール（ethanol），ジエチルエーテル（diethyl ether）のいずれかにあてはまる。**a**～**c** にあてはまる物質の組み合わせとして正しいものを，下表の①～⑥の中から一つ選びなさい。　　**17**

a　金属ナトリウム（sodium metal）を加えると気体が発生する。

b　フェーリング液（Fehling's solution）を還元（reduction）する。

c　ヨードホルム反応（iodoform reaction）を示さない。

	a	b	c
①	アセトアルデヒド	エタノール	ジエチルエーテル
②	アセトアルデヒド	ジエチルエーテル	エタノール
③	エタノール	アセトアルデヒド	ジエチルエーテル
④	エタノール	ジエチルエーテル	アセトアルデヒド
⑤	ジエチルエーテル	エタノール	アセトアルデヒド
⑥	ジエチルエーテル	アセトアルデヒド	エタノール

問 18 サリチル酸（salicylic acid）に関する下の記述①～⑤のうち，**誤っているもの**を一つ
選びなさい。 18

サリチル酸

① 加水分解（hydrolysis）される。

② 銀鏡反応（silver mirror test）を示さない。

③ ヨードホルム反応（iodoform reaction）を示さない。

④ 塩化鉄(III)水溶液 FeCl$_3$ aq を加えると呈色（coloring）する。

⑤ 炭酸水素ナトリウム水溶液 NaHCO$_3$ aq を加えると気体が発生する。

問 19 次の分子式（molecular formula）で表される化合物 **a**～**d** のうち，異性体（isomer）の
数が等しいものが二つある。その組み合わせとして正しいものを，下の①～⑥の中から
一つ選びなさい。 19

a C$_4$H$_{10}$　　**b** C$_4$H$_8$　　**c** C$_2$H$_4$Cl$_2$　　**d** C$_3$H$_5$Cl

① **a**, **b**　　② **a**, **c**　　③ **a**, **d**　　④ **b**, **c**　　⑤ **b**, **d**　　⑥ **c**, **d**

問20 次表に示す高分子（polymer）の分子構造（molecular structure）とその用途または性質の組み合わせとして**誤っているもの**を，①～⑤の中から一つ選びなさい。 **20**

	分子構造	用途または性質
①	$\left[\begin{array}{c}H\ H \\ -C-C- \\ H\ H\end{array}\right]_n$	包装材料に使用される。
②	$\left[-C-(CH_2)_4-C-N-(CH_2)_6-N-\right]_n$（C=O, C=O, N-H, N-H）	衣料品に使用される。
③	$\left[-C-\bigcirc-C-O-(CH_2)_2-O-\right]_n$（C=O, C=O）	飲料（beverage）の容器に利用される。
④	$\left[\begin{array}{c}CH_2\quad CH_2 \\ C=C \\ CH_3\quad H\end{array}\right]_n$	天然繊維（natural fiber）として衣料品に使用される。
⑤	（フェノール樹脂の網目構造）	燃えにくく，電気絶縁体（electrical insulator）として使用される。

化学の問題はこれで終わりです。解答欄の **21** ～ **75** はマークしないでください。

解答用紙の科目欄に「化学」が正しくマークしてあるか，もう一度確かめてください。

この問題冊子を持ち帰ることはできません。

生物

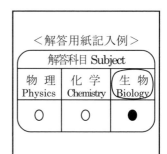
問1　細胞膜（cell membrane）について述べた次の文①〜④の中から，正しいものを一つ選びなさい。　　　　　　　　　　　　　　　　　　　　　　　　　　　　　　1

①　細胞膜は，1層のリン脂質（phospholipid）でできている。

②　細胞膜には，タンパク質が存在しない。

③　細胞膜を通過して細胞外から細胞内へ入る物質は，O_2 や CO_2 などの小さい分子だけである。

④　細胞膜が陥入（invagination）することで大きな物質を取り込むことができる。

問2 次の図は，真核細胞（eukaryotic cell）のミトコンドリア（mitochondria）とその周辺を模式的に示したものである。呼吸（respiration）で酸素が使われる反応は，どこでおこなわれているか。図を参考にして下の①～④の中から，正しいものを一つ選びなさい。　　　2

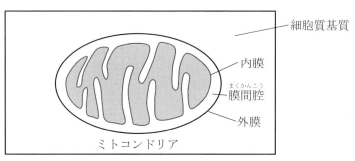

細胞質基質（cytosol），内膜（inner membrane），
膜間腔（intermembrane space），外膜（outer membrane）

① 細胞質基質　　　② 内膜　　　③ 膜間腔　　　④ 外膜

問3 次の図は，葉緑体（chloroplast）における光合成（photosynthesis）の反応を模式的に示したものである。図中の物質 A～C の正しい組み合わせを，下の①～⑥の中から一つ選びなさい。

3

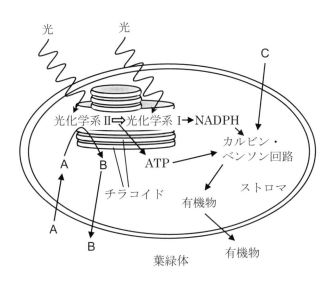

光化学系Ⅱ（photosystemⅡ），光化学系Ⅰ（photosystemⅠ），
カルビン・ベンソン回路（Calvin-Benson cycle），有機物（organic substance），
チラコイド（thylakoid），ストロマ（stroma）

	A	B	C
①	$C_6H_{12}O_6$	CO_2	O_2
②	$C_6H_{12}O_6$	CO_2	NH_4^+
③	$C_6H_{12}O_6$	O_2	CO_2
④	H_2O	O_2	CO_2
⑤	H_2O	N_2	NH_4^+
⑥	H_2O	N_2	O_2

問 4 ヌクレオチド鎖（nucleotide chain）に関する次の問い(1)，(2)に答えなさい。

(1) DNA の 2 本鎖で，一方のヌクレオチド鎖の塩基配列(base sequence)の一部が，ACTGCAG という並び方であるとき，その部分に対応するもう一方のヌクレオチド鎖の塩基配列はどうなるか。次の①〜⑦の中から正しいものを一つ選びなさい。　　**4**

① UGACGUC　　② AGUCGAC　　③ TCUCGTC　　④ ACTGCAG

⑤ AGAGGTG　　⑥ TGACGTC　　⑦ TGAGCAG

(2) DNA の 2 本鎖のうち，鋳型（template）となる方のヌクレオチド鎖の塩基配列の一部が ACTGCAG という並びであるとき，その部分に対応する転写（transcription）された RNA の塩基配列はどうなるか。次の①〜⑥の中から正しいものを一つ選びなさい。　　**5**

① UGACGUC　　② AGUCGAC　　③ ACTGCAG　　④ UGACGTG

⑤ UGACGTC　　⑥ TGACGTC

問 5 PCR（ポリメラーゼ連鎖反応，polymerase chain reaction）法に関する次の文 a〜d のうち，**誤っているもの**はどれか。下の①〜④の中から一つ選びなさい。　　**6**

a PCR 法は，わずかな DNA を多量に増幅させる方法である。

b PCR 法には，耐熱性（thermostable）の DNA ポリメラーゼ（DNA polymerase）が必要である。

c PCR 法には，目的とする DNA の特定の配列に結合する短い 1 本鎖 DNA が必要である。

d PCR 法には，DNA ヘリカーゼ（DNA helicase）が必要である。

① a　　② b　　③ c　　④ d

問6　次の図は，染色体（chromosome）の構成が $2n=4$ の生物で，減数分裂（meiosis）のある

時期での細胞を模式的に示したものである。この図は，減数分裂のどの時期を示したものか。

下の①～⑥の中から，正しいものを一つ選びなさい。　　　　　　　　　　　7

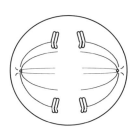

①　第一分裂中期（metaphase Ⅰ）　　　②　第一分裂後期（anaphase Ⅰ）

③　第一分裂終期（telophase Ⅰ）　　　④　第二分裂中期（metaphase Ⅱ）

⑤　第二分裂後期（anaphase Ⅱ）　　　⑥　第二分裂終期（telophase Ⅱ）

問7 次の文は，カエル（frog）の発生（development）について述べたものである。文中の空欄 a ～ c にあてはまる語句の正しい組み合わせを，下の①～⑥の中から一つ選びなさい。

8

　　カエルの卵は，卵黄（yolk）の分布状態から a とよばれる。精子（sperm）が侵入すると，その反対側の卵の表面に b が生じる。 b が生じた側は将来の背側となる。受精卵（fertilized egg）は卵割（cleavage）を繰り返して細胞数を増やし，胞胚（blastula）となる。胞胚期を過ぎると陥入（invagination）がおこり， c が形成される。

	a	b	c
①	端黄卵 (telolecithal egg)	胞胚腔 (blastocoel)	灰色三日月環 (gray crescent)
②	端黄卵	原口 (blastopore)	胞胚腔
③	端黄卵	灰色三日月環	原口
④	等黄卵 (isolecithal egg)	胞胚腔	灰色三日月環
⑤	等黄卵	原口	胞胚腔
⑥	等黄卵	灰色三日月環	原口

問8　健康なヒトの血液 1mm³ 中の有形成分のうち，数の多い順に A>B>C としたとき，赤血球 (erythrocyte)，白血球 (leukocyte)，血小板 (blood platelet) はそれぞれ A，B，C のどれにあたるか。正しい組み合わせを，次の①～⑥の中から一つ選びなさい。　　9

	A	B	C
①	赤血球	白血球	血小板
②	赤血球	血小板	白血球
③	白血球	赤血球	血小板
④	白血球	血小板	赤血球
⑤	血小板	赤血球	白血球
⑥	血小板	白血球	赤血球

問9　ヒトの血糖濃度 (blood glucose level) の調節に関わるホルモン (hormone) は複数ある。血糖濃度を上げるホルモンを＋の記号で，血糖濃度を下げるホルモンを－の記号で示すと，グルカゴン (glucagon)，インスリン (insulin)，糖質コルチコイド (glucocorticoid) はそれぞれどちらにあてはまるか。正しい組み合わせを，次の①～⑧の中から一つ選びなさい。

10

	グルカゴン	インスリン	糖質コルチコイド
①	＋	＋	＋
②	＋	＋	－
③	＋	－	＋
④	＋	－	－
⑤	－	＋	＋
⑥	－	＋	－
⑦	－	－	＋
⑧	－	－	－

問10　次の a～d のうち，自然免疫（natural immunity, innate immunity）に関わる細胞はどれ
　　　か。正しいものの組み合わせを，下の①～⑥の中から一つ選びなさい。　　　　　11

　　　a　マクロファージ（macrophage）

　　　b　T 細胞

　　　c　B 細胞

　　　d　ナチュラルキラー細胞（NK 細胞，natural killer cell）

　　①　a, b　　　②　a, c　　　③　a, d　　　④　b, c　　　⑤　b, d　　　⑥　c, d

問11 次の文は，免疫（immunity）の応用について述べたものである。文中の空欄 a ，
b にあてはまる語句の正しい組み合わせを，下の①～⑥の中から一つ選びなさい。 **12**

　医療では，免疫のしくみを利用した病気の予防法，治療法が知られている。

　例えば，死滅または弱毒化（attenuated）した病原体（pathogen）などを注射することにより，その病原体への感染（infection）を効率的に予防することができる。このような注射に用いられるものを a という。

　また，毒ヘビ（venomous snake）にかまれたときなどに，あらかじめ別の動物にその毒素（venom）を注射して得られた，ヘビの毒素に対する抗体（antibody）を含む血清（serum）を注射して，症状を軽減させる血清療法（serotherapy）がある。この血清中に含まれる抗体は， b というタンパク質である。

	a	b
①	アレルゲン（allergen）	アルブミン（albumin）
②	アレルゲン	フィブリン（fibrin）
③	アレルゲン	免疫グロブリン（immunoglobulin）
④	ワクチン（vaccine）	アルブミン
⑤	ワクチン	フィブリン
⑥	ワクチン	免疫グロブリン

問 12　次の表は，ヒトのおもな受容器（receptor）と，その適刺激（adequate stimulus）を示している。正しい組み合わせを，次の①～⑥の中から一つ選びなさい。　13

	受容器	適刺激
①	耳のうずまき管（コルチ器）	からだの傾き
②	鼻の嗅上皮	空気中の化学物質
③	耳の半規管	音
④	眼の網膜	圧力
⑤	耳の前庭	からだの回転
⑥	舌の味覚芽（味蕾）	低い温度

うずまき管（cochlea），コルチ器（Corti's organ），
嗅上皮（olfactory epithelium），半規管（semicircular canal），
網膜（retina），前庭（vestibule），味覚芽（taste bud）

問 13　次の文 a～d は，単一のニューロン（neuron）の刺激（stimulation）に対する興奮（excitation）と，発生する活動電位（action potential）について述べたものである。a～d のうち，正しいものの組み合わせを，下の①～⑥の中から一つ選びなさい。　14

a　発生する活動電位の大きさは，閾値（threshold value）を超えた刺激においては，刺激の強さに関係なく一定である。

b　発生する活動電位の頻度（frequency）は，閾値を超えた刺激においては，刺激の強さに関係なく一定である。

c　発生する活動電位は全か無かの法則（all-or-none law）に従うため，どのニューロンでも，閾値は同じである。

d　閾値を超える刺激をニューロンの軸索（axon）の途中に与えると，活動電位は刺激を受けた部位から隣接する両方向に伝導（conduction）する。

①　a, b　　②　a, c　　③　a, d　　④　b, c　　⑤　b, d　　⑥　c, d

問14 次の文は，種子植物（seed plant）の発芽（germination）に関する植物ホルモン（plant hormone）の働きについて述べたものである。文中の空欄　a　，　b　にあてはまる語句の正しい組み合わせを，下の①～⑥の中から一つ選びなさい。　　　　　　　　**15**

　　種子は成熟すると　a　が蓄えられ，この　a　の働きで休眠（dormancy）状態となる。種子には，光や一定期間の低温などの刺激を与えられると，　a　が減少し，　b　が増加することによって休眠が終わり，発芽するようになるものがある。

	a	b
①	ジベレリン （gibberellin）	オーキシン （auxin）
②	ジベレリン	アブシシン酸 （abscisic acid）
③	アブシシン酸	オーキシン
④	アブシシン酸	ジベレリン
⑤	オーキシン	ジベレリン
⑥	オーキシン	アブシシン酸

問15 次の図は，生態系（ecosystem）における窒素循環（nitrogen cycle）を示す模式図である。

これに関する下の問い(1)と次ページの(2)に答えなさい。

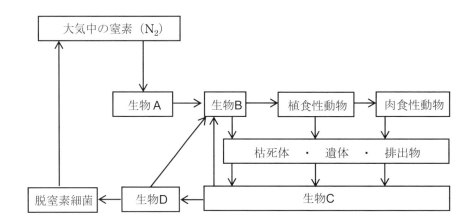

脱窒素細菌（denitrifying bacteria），植食性動物（herbivorous animal），肉食性動物（carnivorous animal），
枯死体（dead plant tissue），排出物（defecation）

(1) 図中の生物Aは，大気中の窒素をもとに，ある物質を生成する。その生物Aと，生成される物質の正しい組み合わせを，次の①～⑥の中から一つ選びなさい。 16

	A	生成される物質
①	根粒菌 （root nodule bacteria）	アンモニウムイオン （ammonium ion，NH_4^+）
②	根粒菌	亜硝酸イオン （nitrite ion，NO_2^-）
③	根粒菌	硝酸イオン （nitrate ion，NO_3^-）
④	硝酸菌 （nitrate-forming bacteria）	アンモニウムイオン
⑤	硝酸菌	亜硝酸イオン
⑥	硝酸菌	硝酸イオン

(2) 図中の生物 B, C, D にあてはまるものの正しい組み合わせを，次の①〜⑥の中から一つ選びなさい。 17

	B	C	D
①	細菌（bacteria）・菌類（fungi）	植物	硝化菌（nitrifying bacteria）
②	細菌・菌類	硝化菌	植物
③	硝化菌	植物	細菌・菌類
④	硝化菌	細菌・菌類	植物
⑤	植物	細菌・菌類	硝化菌
⑥	植物	硝化菌	細菌・菌類

問16 次の図は，ある場所の植生（vegetation）が時間とともに変化していく過程を示したものである。図の A〜C にあてはまる語句の最も適当な組み合わせを，下の①〜④の中から一つ選びなさい。 18

裸地 → A などの荒原 → ススキなどの草原 → 低木林 → B → C

裸地（bare rock），荒原（wasteland），ススキ（eulalia）

	A	B	C
①	シダ植物（pteridophytes）	陰樹（shade tree）林	陽樹（sun tree）林
②	シダ植物	陽樹林	陰樹林
③	地衣類（lichens）・コケ植物（bryophytes）	陰樹林	陽樹林
④	地衣類・コケ植物	陽樹林	陰樹林

生物の問題はこれで終わりです。解答欄の **19** ～ **75** はマークしないでください。
解答用紙の科目欄に「生物」が正しくマークしてあるか，もう一度確かめてください。

この問題冊子を持ち帰ることはできません。

2022年度　日本留学試験

総合科目

（80分）

I　試験全体に関する注意

1. 係員の許可なしに，部屋の外に出ることはできません。

2. この問題冊子を持ち帰ることはできません。

II　問題冊子に関する注意

1. 試験開始の合図があるまで，この問題冊子の中を見ないでください。

2. 試験開始の合図があったら，下の欄に，受験番号と名前を，受験票と同じように記入してください。

3. この問題冊子は，24ページあります。

4. 足りないページがあったら，手をあげて知らせてください。

5. 問題冊子には，メモや計算などを書いてもいいです。

III　解答用紙に関する注意

1. 解答は，解答用紙に鉛筆（HB）で記入してください。

2. 各問題には，その解答を記入する行の番号 **1** ，**2** ，**3** ，…がついています。解答は，解答用紙（マークシート）の対応する解答欄にマークしてください。

3. 解答用紙に書いてある注意事項も必ず読んでください。

※　試験開始の合図があったら，必ず受験番号と名前を記入してください。

受験番号		＊				＊						
名　　前												

問1　次の文章を読み，下の問い(1)～(4)に答えなさい。

　現在のアメリカ（USA）の ₁テキサス州（State of Texas）にあたる土地は，長らく ₂スペイン（Spain）の支配下にあった。1821年にメキシコ（Mexico）がスペインから独立した際に，テキサスはメキシコ領となった。しかし，アメリカからの入植者が増え，入植者を中心にメキシコ政府に対する反乱が起き，1836年にテキサス共和国として独立した。1845年に，テキサス共和国はアメリカに併合され，テキサス州となった。

　₃政治の面では，20世紀半ばまでテキサス州では民主党が優位であったが，20世紀後半以降は共和党の優位が続いている。

　経済の面では，歴史的に綿花栽培や牧畜が盛んであったが，油田の開発にともない，20世紀に入るとエネルギー産業が劇的な発展を遂げた。2020年において，テキサス州の ₄原油産出量はアメリカ全体の原油産出量の約4割を占めている。

(1)　下線部1に関して，テキサス州の位置として正しいものを，次の地図中の①～④の中から一つ選びなさい。　　　　　　　　　　　　　　　　　　　1

(2) 下線部 2 に関して，19世紀以降のスペインの歴史に関する記述として最も適当なものを，次の①～④の中から一つ選びなさい。　**2**

① パリ（Paris）二月革命の影響の下，三月革命により政権が瓦解した。

② 人民戦線内閣に対する軍部の反乱から，内戦が生じた。

③ アメリカとの戦争に敗北し，すべての海外植民地を失った。

④ ナポレオン（Napoleon Bonaparte）の侵攻を受け，王家がブラジル（Brazil）に亡命した。

(3) 下線部 3 に関して，現在のアメリカの政治制度に関する記述として最も適当なものを，次の①～④の中から一つ選びなさい。　**3**

① 大統領は，国民の直接選挙によって選出される。

② 大統領は，連邦議会への法案提出権を有している。

③ 連邦上院は，条約の締結に際してその承認権を有する。

④ 連邦下院は，各州から 2 名ずつ選ばれた議員で構成されている。

(4) 下線部4に関して，次のグラフはアメリカ，カナダ（Canada），イラク（Iraq），サウジアラビア（Saudi Arabia）における1970年から2018年までの原油生産の推移を示したものである。グラフ中のA～Dに当てはまる国名の組み合わせとして正しいものを，下の①～④の中から一つ選びなさい。 **4**

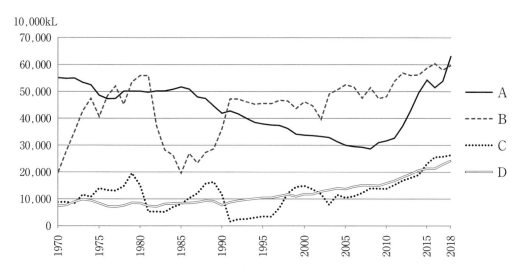

『数字でみる 日本の100年 改訂第7版』より作成

	A	B	C	D
①	サウジアラビア	アメリカ	イラク	カナダ
②	サウジアラビア	アメリカ	カナダ	イラク
③	アメリカ	サウジアラビア	イラク	カナダ
④	アメリカ	サウジアラビア	カナダ	イラク

問2　次の文章を読み，下の問い(1)～(4)に答えなさい。

　イギリス（UK）の首相を務めたロイド＝ジョージ（David Lloyd George）は，1863年にマンチェスター（Manchester）で生まれた。幼時に父を失い，両親の故郷であるウェールズ（Wales）で育った。非国教会系 ₁プロテスタントであり，1890年に自由党から補欠選挙に立候補し，議員となった。

　1916年のアスキス（Herbert Henry Asquith）内閣の総辞職後に，ロイド＝ジョージは首相に就任した。ロイド＝ジョージ内閣は，₂外相に首相経験者である保守党のバルフォア（Arthur James Balfour）を迎えた挙国一致内閣であった。

　首相自ら₃パリ講和会議（Paris Peace Conference）に出席するなど，ロイド＝ジョージ内閣は，第一次世界大戦後の国際秩序の形成に一定の役割を果たした。しかし，1922年に保守党が連立離脱を決断したことで，内閣は総辞職した。彼は首相退任後も議員活動を続けた。₄1929年の総選挙では自由党の党首として大胆な経済政策を訴え，ケインズ（John Maynard Keynes）もこれに賛同した。ロイド＝ジョージの議員活動は，亡くなる1945年まで55年に及ぶものであった。

(1)　下線部 1 に関して，カトリックよりもプロテスタントの人口が多い国を，次の①～④の中から一つ選びなさい。　　　5

①　スペイン

②　ベルギー（Belgium）

③　ポーランド（Poland）

④　デンマーク（Denmark）

(2) 下線部2に関して，バルフォアが1917年にある地域に関するイギリス政府の見解を示した書簡はバルフォア宣言と称される。バルフォア宣言で言及され，その後しばしば地域紛争が生じた地域を，次の地図中の①〜④の中から一つ選びなさい。　**6**

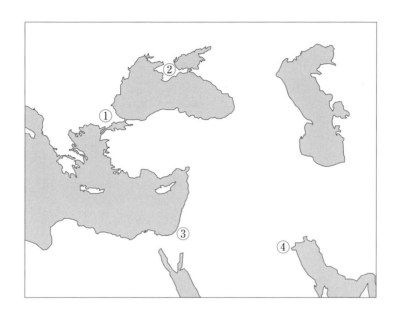

(3) 下線部3に関して，パリ講和会議では国際連盟（League of Nations）の創設についても話し合われた。国際連盟に関する記述として最も適当なものを，次の①〜④の中から一つ選びなさい。　**7**

① 会議を主導したアメリカは，国際連盟の常任理事国となった。

② 理事会の議決には，全会一致が必要とされた。

③ 侵略国に対しては，軍事的制裁措置をとることとされた。

④ 経済復興のための機関として，国際復興開発銀行（IBRD）が設立された。

(4) 下線部 4 に関して，自由党は総選挙に際してどのような政策を訴えたか。最も適当
なものを，次の①〜④の中から一つ選びなさい。 **8**

① 公共事業による失業対策

② 国有化による基幹産業保護

③ 関税撤廃による自由貿易促進

④ 規制緩和による外国資本導入

問3　生産量が100の財に関する需要曲線（D）と供給曲線（S）を示したグラフとして最も適当なものを，下の①～④の中から一つ選びなさい。　　　　　　**9**

A

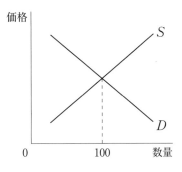

B

C

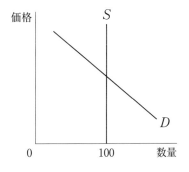

D

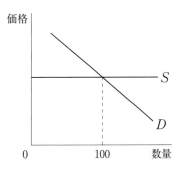

① A

② B

③ C

④ D

問4　国民経済計算に関する記述として最も適当なものを，次の①～④の中から一つ選びなさい。　**10**

①　分配国民所得は，生産国民所得と支出国民所得の合計である。

②　国内総生産（GDP）は，消費と投資の合計である。

③　国民純生産（NNP）と国民所得（NI）は，定義の上で一致する。

④　国民総所得（GNI）と国民総支出（GNE）は，定義の上で一致する。

問5　企業結合と独占にはいくつかの形態が見られる。カルテルに関する記述として最も適当なものを，次の①～④の中から一つ選びなさい。　**11**

①　持株会社が異なる産業部門の企業を傘下に収め，ピラミッド型に支配することである。

②　異なる産業部門の企業が技術提携や人事交流を通じて，緩やかに連携することである。

③　競争関係にある同一産業部門の複数の企業が合併して，一つの企業となることである。

④　競争関係にある同一産業部門の複数の企業が，生産量・販売価格・販路などについて協定を結ぶことである。

問6　国債に関する記述として最も適当なものを，次の①～④の中から一つ選びなさい。
　　　　　　　　　　　　　　　　　　　　　　　　　　　　　　　　　　　12

　　① 国債が大量に市中消化されると，金融市場において資金が豊富に供給される。

　　② 国債の償還は現役世代がおこなうので，世代間の公平が保たれる。

　　③ 中央銀行が国債を直接引き受けると，激しいデフレーションが生じる。

　　④ 歳出に占める国債費の割合が大きくなると，財政の資源配分機能が低下する。

問7　景気動向指数は，景気の動きに先んじて反応する先行指数，景気の動きとほぼ一致
　　する一致指数，景気の動きに遅れて反応する遅行指数の三つに分類することができる。
　　遅行指数の例として最も適当なものを，次の①～④の中から一つ選びなさい。　13

　　① 営業利益

　　② 法人税収入

　　③ 消費者態度指数

　　④ 耐久消費財出荷指数

問8　日本の公的年金制度に関する記述として最も適当なものを，次の①〜④の中から一つ選びなさい。　　　　　　　　　　　　**14**

① 事実上の賦課方式で運営されている。

② 市町村によって運営されている。

③ 保険料収入のみで運営されている。

④ 任意加入を基礎として運営されている。

問9　米ドルの金利が上昇し，日本円との金利差が拡大したとする。他の条件に変わりがない場合，その影響として最も適当なものを，次の①〜④の中から一つ選びなさい。　　　　　　　　　　　　**15**

① 円高になり，日本からアメリカへの輸出が抑制される。

② 円高になり，日本からアメリカへの輸出が促進される。

③ 円安になり，日本からアメリカへの輸出が抑制される。

④ 円安になり，日本からアメリカへの輸出が促進される。

問10　金本位制に関する記述として最も適当なものを，次の①～④の中から一つ選びなさい。 16

① 19世紀にアメリカが金本位制を確立し，他国がこれに続いた。

② 金本位制下では，金との交換が保証された兌換紙幣が流通していた。

③ 世界恐慌期に金本位制に復帰した日本では，柔軟な景気対策が可能となった。

④ 金本位制下では，各国の外貨準備が一定額以下になるよう義務づけられていた。

問11　EU（欧州連合）に関する記述として最も適当なものを，次の①～④の中から一つ選びなさい。 17

① EUの創設を定めた条約は，パリ条約（Treaty of Paris）である。

② EU加盟国間では，貿易や資本移動の自由が保障されている。

③ ユーロ導入国でも，各国独自の金融政策をおこなうことができる。

④ ユーロ導入国では，財政赤字を賄う国債の発行が禁じられている。

問12　次の表は，2020年におけるG7参加国の一人当たりGDPを示したものである。

A～Dに当てはまる国名の組み合わせとして正しいものを，下の①～④の中から一つ選びなさい。　　18

単位：ドル

国名	一人当たりGDP
A	63,123
B	45,909
カナダ	43,560
イギリス	40,718
C	39,990
フランス	38,959
D	31,238

『世界国勢図会　2022/23』より作成

	A	B	C	D
①	ドイツ	アメリカ	イタリア	日本
②	ドイツ	アメリカ	日本	イタリア
③	アメリカ	ドイツ	イタリア	日本
④	アメリカ	ドイツ	日本	イタリア

注）　フランス（France），ドイツ（Germany），イタリア（Italy）

問13　次の図は，2019年の日本，アメリカ，ドイツ，フランス，ノルウェー（Norway）における再生可能エネルギーの発電量，および各国の総発電量に占めるその割合を示したものである。日本に当てはまるものを，次の図中の①〜④の中から一つ選びなさい。なお，ここでいう再生可能エネルギーとは，水力，地熱，太陽光，風力，波力，潮力，バイオ燃料，可燃性廃棄物である。　　**19**

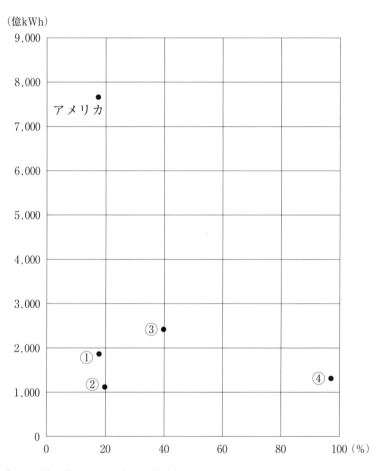

『世界国勢図会　2022/23』より作成

問14　次のグラフは，ユーラシア（Eurasia）大陸，アフリカ（Africa）大陸，北アメリ
　　　カ（North America）大陸，南アメリカ（South America）大陸，オーストラリア
　　　（Australia）大陸の五つの大陸について，ケッペンの気候区分（Köppen climate
　　　classification）にしたがって，各気候帯の割合（％）を示したものである。南アメリ
　　　カ大陸に当てはまるものを，下の①～④の中から一つ選びなさい。　　20

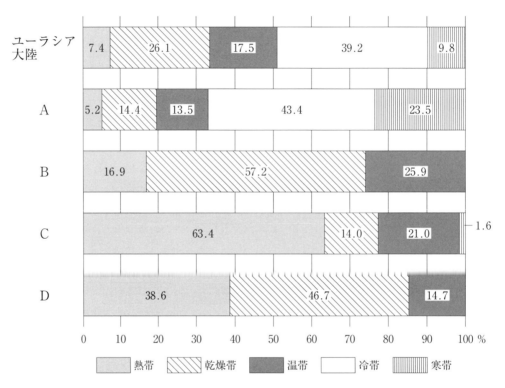

『データブック オブ・ザ・ワールド　2022年版』より作成

　①　A

　②　B

　③　C

　④　D

問15　東京の標準時は東経135度に基づいている。また，ロサンゼルス（Los Angeles）の標準時は西経120度に基づいている。両都市間の時差に関する記述として正しいものを，次の①～④の中から一つ選びなさい。ただし，夏時間は考慮しないものとする。

21

① 東京の時刻は，ロサンゼルスの時刻より7時間進んでいる。

② 東京の時刻は，ロサンゼルスの時刻より7時間遅れている。

③ 東京の時刻は，ロサンゼルスの時刻より17時間進んでいる。

④ 東京の時刻は，ロサンゼルスの時刻より17時間遅れている。

問16　スウェーデン（Sweden），インド（India），オーストラリアの面積を大きい順に左から並べた場合，正しく示されているものを，次の①～④の中から一つ選びなさい。

22

① インド，スウェーデン，オーストラリア

② インド，オーストラリア，スウェーデン

③ オーストラリア，インド，スウェーデン

④ オーストラリア，スウェーデン，インド

問17　ケルト語派（Celtic languages）に分類される言語として最も適当なものを，次の①～④の中から一つ選びなさい。

23

① ウェールズ語（Welsh language）

② ドイツ語（German language）

③ ギリシャ語（Greek language）

④ カタルーニャ語（Catalan language）

問18 次のグラフは，2020年における牛肉，豚肉，鶏肉，羊肉の生産量上位5か国とそれ
らの世界計に対する割合（％）を示したものである。A〜Dに当てはまる畜産物の組
み合わせとして正しいものを，下の①〜④の中から一つ選びなさい。　24

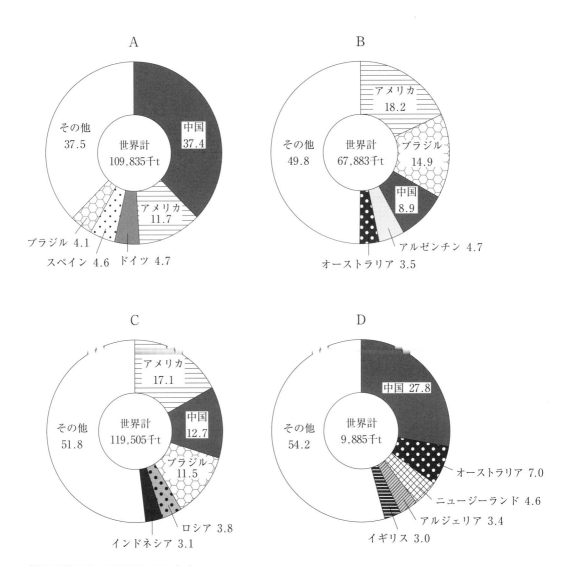

『世界国勢図会　2022/23』より作成

	A	B	C	D
①	豚肉	牛肉	鶏肉	羊肉
②	豚肉	牛肉	羊肉	鶏肉
③	牛肉	豚肉	鶏肉	羊肉
④	牛肉	豚肉	羊肉	鶏肉

注）中国（China），アルゼンチン（Argentina），ロシア（Russia），インドネシア（Indonesia），ニュージーランド（New Zealand），アルジェリア（Algeria）

問19　フランスの思想家トックビル（Alexis de Tocqueville）が唱えた政治思想に関する記述として最も適当なものを，次の①～④の中から一つ選びなさい。　**25**

①　主権は公共の利益の実現を目指す一般意志に基づいて行使されると説いた。

②　王の権力は神から与えられたものであるとする王権神授説を唱えた。

③　デモクラシーの問題点として多数者による専制に陥る危険性を指摘した。

④　法律に基づけば個人の自由も任意に制限可能であるという法治主義を唱えた。

問20　日本における国会，内閣，裁判所の関係に関する記述として最も適当なものを，次の①～④の中から一つ選びなさい。　**26**

①　国会は，内閣総理大臣が指名した国務大臣を承認する権限を有する。

②　内閣は，国会のうち参議院の解散を決定する権限を有する。

③　内閣は，犯罪に関与した裁判官の懲戒処分をおこなう権限を有する。

④　裁判所は，国会が制定した法律が憲法に適合するかを判断する権限を有する。

問21　日本の裁判員制度に関する記述として最も適当なものを，次の①～④の中から一つ選びなさい。　**27**

①　裁判員裁判の対象となるのは，殺人など重大な事件の第一審に限られる。

②　裁判員裁判における評決は，全員一致で決定される。

③　選挙権を有する者は，立候補により裁判員に就任することができる。

④　裁判員は被告人が有罪か無罪かのみを判断し，量刑の決定には関与しない。

問22　次の文は，日本国憲法第27条の一節である。文中の空欄 a に当てはまる語として正しいものを，下の①〜④の中から一つ選びなさい。　**28**

　　すべて国民は， a の権利を有し，義務を負ふ。

①　投票

②　勤労

③　婚姻

④　休暇

問23　基本的人権の歴史的展開に関する記述として最も適当なものを，次の①〜④の中から一つ選びなさい。　**29**

①　社会権を保障する規定を盛り込んだ世界最初の憲法は，ドイツのワイマール憲法（Weimar Constitution）である。

②　アメリカでは，奴隷解放宣言により20歳以上のすべてのアメリカ国籍保有者に選挙権が与えられた。

③　国際的な人権救済機関として，第二次世界大戦後に国際司法裁判所（ICJ）が設立された。

④　世界人権宣言（Universal Declaration of Human Rights）は，権力分立によって国家権力の抑制と均衡を図り，基本的人権を保障することを各国に求めた。

問24 日本国憲法制定時に想定されていなかった諸問題に対応するため，新たに保障されるべきだと主張されるようになった権利がある。このような日本国憲法上に明文規定がない権利として最も適当なものを，次の①〜④の中から一つ選びなさい。 30

① 黙秘権

② 環境権

③ 学問の自由

④ 教育を受ける権利

問25 日本の国政選挙に関する記述として最も適当なものを，次の①〜④の中から一つ選びなさい。 31

① 立候補するには，100名以上の推薦人が必要である。

② 選挙運動の費用は，国が全額負担する。

③ 選挙権は18歳以上の日本国民に与えられている。

④ インターネットを利用した電子投票が実施されている。

問26　日本の地方自治制度に関する記述として最も適当なものを，次の①〜④の中から一つ選びなさい。 **32**

①　地方議会が条例を制定するには，国会の承認を得なければならない。

②　住民投票条例に基づく住民投票の結果には，法的な拘束力が生じる。

③　すべての地方自治体で，定住外国人の地方参政権が認められている。

④　有権者には，首長の解職や議会の解散を請求する直接請求権が認められている。

問27　次の文を読み，文中の空欄　a　に当てはまる語として最も適当なものを，下の①〜④の中から一つ選びなさい。 **33**

　2014年，日本政府はそれまでの政府見解を改め，　a　を限定的に可能とする閣議決定をおこなった。

①　紛争地域への人道的介入

②　集団的自衛権の行使

③　軍事同盟の締結

④　国連（UN）平和維持活動（PKO）への参加

問28　18世紀末のフランスにおける次の出来事Ａ～Ｄを年代順に並べたものとして正しいものを，下の①～④の中から一つ選びなさい。　**34**

A：ロベスピエール（Maximilien Robespierre）の処刑

B：国民公会の開設

C：バスティーユ（Bastille）牢獄襲撃

D：ブリュメール18日のクーデタ（Coup of 18 Brumaire）

①　C → A → D → B

②　C → B → A → D

③　D → B → C → A

④　D → C → A → B

問29　日清戦争（First Sino-Japanese War）後，三国干渉と呼ばれる遼東半島（Liaodong Peninsula）を清国（Qing dynasty）に返還する要求を日本におこなった３か国として正しいものを，次の①～④の中から一つ選びなさい。　**35**

①　ロシア・フランス・ドイツ

②　ドイツ・アメリカ・ロシア

③　ロシア・フランス・イギリス

④　フランス・アメリカ・ドイツ

問30　イギリスの植民地のいくつかは，20世紀初めに，自治権を持つ自治領（Dominion）となった。この時期に自治領となったものとして**適当でないもの**を，次の①〜④の中から一つ選びなさい。　　　　　　　　　　　　　　　　　　　　　36

①　インド

②　ニュージーランド

③　オーストラリア

④　南アフリカ（South Africa）

問31　1921年から1922年にかけて開催されたワシントン会議（Washington Naval Conference）に関する記述として最も適当なものを，次の①〜④の中から一つ選びなさい。　　　　　　　　　　　　　　　　　　　　　　37

①　国際紛争を解決する手段として戦争を放棄することが，多国間で合意された。

②　ドイツの軍艦保有に制限がかけられ，潜水艦の保有も禁じられた。

③　日英同盟（Anglo-Japanese Alliance）が更新され，朝鮮半島（Korean Peninsula）における日本の権益が確認された。

④　太平洋地域の現状維持を取り決めた四か国条約（Four-Power Treaty）が締結された。

問32 次の文章を読み，文章中の空欄 a に当てはまる都市として最も適当なものを，下の①～④の中から一つ選びなさい。 **38**

1948年6月，アメリカ，イギリス，フランスが新通貨を a の三国管理地域に導入した。これに対してソ連（USSR）は，この地域への陸路と水路を遮断した。三国は必要物資を空輸し，封鎖に対抗した。

① ボン（Bonn）

② ケルン（Cologne）

③ ベルリン（Berlin）

④ フランクフルト（Frankfurt）

総合科目の問題はこれで終わりです。解答欄の **39** ～ **60** はマークしないでください。

この問題冊子を持ち帰ることはできません。

数 学（80分）

【コース1（基本, Basic）・コース2（上級, Advanced）】

※　どちらかのコースを一つだけ選んで解答してください。

I　試験全体に関する注意

1．係員の許可なしに，部屋の外に出ることはできません。

2．この問題冊子を持ち帰ることはできません。

II　問題冊子に関する注意

1．試験開始の合図があるまで，この問題冊子の中を見ないでください。

2．試験開始の合図があったら，下の欄に，受験番号と名前を，受験票と同じように記入してください。

3．コース1は1〜13ページ，コース2は15〜27ページにあります。

4．足りないページがあったら，手をあげて知らせてください。

5．メモや計算などを書く場合は，問題冊子に書いてください。

III　解答方法に関する注意

1．解答は，解答用紙に鉛筆（HB）で記入してください。

2．問題文中の**A**，**B**，**C**，…には，それぞれ−（マイナスの符号），または，0から9までの数が一つずつ入ります。適するものを選び，解答用紙（マークシート）の対応する解答欄にマークしてください。

3．同一の問題文中に **A** ，**BC** などが繰り返し現れる場合，2度目以降は，A，BC のように表しています。

解答に関する記入上の注意

(1)　根号（$\sqrt{\ }$）の中に現れる自然数が最小となる形で答えてください。

(例：$\sqrt{32}$ のときは，$2\sqrt{8}$ ではなく $4\sqrt{2}$ と答えます。)

(2)　分数を答えるときは，符号は分子につけ，既約分数（reduced fraction）にして答えてください。

(例：$\frac{2}{6}$ は $\frac{1}{3}$，$-\frac{2}{\sqrt{6}}$ は $\frac{-2\sqrt{6}}{6}$ と分母を有理化してから約分し，$\frac{-\sqrt{6}}{3}$ と答えます。)

(3)　$\dfrac{\boxed{A}\sqrt{\boxed{B}}}{\boxed{C}}$ に $\dfrac{-\sqrt{3}}{4}$ と答える場合は，下のようにマークしてください。

(4)　$\boxed{DE}\,x$ に $-x$ と答える場合は，**D**を−，**E**を1とし，下のようにマークしてください。

【解答用紙】

A	●	⓪	①	②	③	④	⑤	⑥	⑦	⑧	⑨
B	⊖	⓪	①	②	●	④	⑤	⑥	⑦	⑧	⑨
C	⊖	⓪	①	②	③	●	⑤	⑥	⑦	⑧	⑨
D	●	⓪	①	②	③	④	⑤	⑥	⑦	⑧	⑨
E	⊖	⓪	●	②	③	④	⑤	⑥	⑦	⑧	⑨

4．解答用紙に書いてある注意事項も必ず読んでください。

※　試験開始の合図があったら，必ず受験番号と名前を記入してください。

受験番号			＊				＊					
名　前												

数学 コース 1
（基本コース）

（コース2は 15 ページからです）

「解答コース」記入方法

　解答コースには「コース1」と「コース2」があ
りますので，どちらかのコースを 一つだけ
選んで解答してください。「コース1」を解答
する場合は，右のように，解答用紙の「解答
コース」の「コース1」を ○ で囲み，その下
のマーク欄をマークしてください。

選択したコースを正しくマークしないと，採点されません。

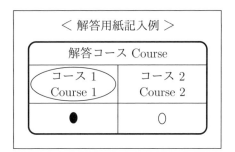

< 解答用紙記入例 >

解答コース Course	
コース 1 Course 1	コース 2 Course 2
●	○

I

問 1　$a \neq 0$ とし，2 次関数

$$y = ax^2 + bx + c \quad \cdots\cdots\quad ①$$

を考える。この関数のグラフ C は，直線 $y = 1$ と 2 点で交わり，その 2 点間の距離は 4，さらに，直線 $y = 3$ と 2 点で交わり，その 2 点間の距離は 6 であるとする。

(1)　C の頂点の座標を (p, q) とおく。このとき，C と直線 $y = 1$ との交点のひとつをとり，その x 座標を α とおくと

$$|\alpha - p| = \boxed{A}$$

であるから，2 次関数 ① を a, p, q を使って表した式に交点の座標 $(\alpha, 1)$ を代入すれば，等式

$$\boxed{B}\, a + q = \boxed{C}$$

が成り立つことがわかる。C と直線 $y = 3$ との交点に対しても同様にして，等式

$$\boxed{D}\, a + q = \boxed{E}$$

が成り立つ。したがって，これら 2 式より

$$a = \frac{\boxed{F}}{\boxed{G}}, \qquad q = -\frac{\boxed{H}}{\boxed{I}}$$

を得る。

(2)　さらに，C が点 $\left(2, -\dfrac{1}{5}\right)$ を通り，C の頂点の x 座標 p が 2 より小さいとすると

$$b = -\frac{\boxed{J}}{\boxed{K}}, \qquad c = -\frac{\boxed{L}}{\boxed{M}}$$

である。

- 計算欄 (memo) -

問2 2つの整数 m と n が「つながっている」とは

$$n \text{ が } m-1, \ m, \ m+1 \text{ のどれかであること}$$

と定義する。1つのサイコロを投げる操作を繰り返す試行を行う。まず1回目を投げる。2回目以降の操作では，直前の操作で出た目とつながっている目が出たならば次の操作に進むが，つながっていない目が出たならばそこで試行は終了とする。

(1) 2回目の操作を終えた時点で，試行が終了していない確率は $\dfrac{\boxed{\textsf{N}}}{\boxed{\textsf{O}}}$ である。

(2) 2回目の操作で，試行が終了する確率は $\dfrac{\boxed{\textsf{P}}}{\boxed{\textsf{Q}}}$ である。

以下の文中の $\boxed{\textsf{R}}$，$\boxed{\textsf{S}}$，$\boxed{\textsf{T}}$ には，下の選択肢 ⓪ 〜 ⑨ の中から適するものを選びなさい。

(3) 3回目の操作を終えた時点で，試行が終了していない確率は $\boxed{\textsf{R}}$ である。

(4) 3回以下の操作で，試行が終了する確率は $\boxed{\textsf{S}}$ である。

(5) 3回目の操作で，試行が終了する確率は $\boxed{\textsf{T}}$ である。

⓪ $\dfrac{12}{27}$ ① $\dfrac{16}{27}$ ② $\dfrac{11}{54}$ ③ $\dfrac{13}{54}$ ④ $\dfrac{19}{54}$

⑤ $\dfrac{37}{54}$ ⑥ $\dfrac{41}{54}$ ⑦ $\dfrac{43}{54}$ ⑧ $\dfrac{49}{108}$ ⑨ $\dfrac{71}{108}$

- 計算欄 (memo) -

II

問 1　数字 3 が書いてある青いカードと，数字 2 が書いてある赤いカードが何枚かある。赤いカードの枚数は青いカードの枚数より多く，青いカードの枚数の 2 倍より少ない。また，全部のカードに書いてある数の和は 70 とする。それぞれの色のカードの枚数を求めよう。

青いカードの枚数を x，赤いカードの枚数を y とすると

$$x < y < \boxed{\text{A}}\, x,$$
$$\boxed{\text{B}}\, x + \boxed{\text{C}}\, y = 70$$

が成り立つ。したがって，2 つの式から y を消去すると

$$\boxed{\text{D}}\, x < 70 < \boxed{\text{E}}\, x$$

が得られる。よって

$$\boxed{\text{FG}} < x < \boxed{\text{HI}}$$

である。

また，等式 $\boxed{\text{B}}\, x + \boxed{\text{C}}\, y = 70$ より，x は $\boxed{\text{J}}$ の倍数であるから

$$x = \boxed{\text{KL}}, \qquad y = \boxed{\text{MN}}$$

である。

したがって，青いカードが $\boxed{\text{KL}}$ 枚，赤いカードが $\boxed{\text{MN}}$ 枚である。

- 計算欄 (memo) -

問 2 x の 2 次方程式

$$x^2 + 2ax + 4a^2 - 10a + 7 = 0$$

が異なる 2 つの実数解 $\alpha,\ \beta\ (\alpha > \beta)$ をもつとき，$\alpha - \beta$ が整数で，かつ，2 の倍数であるような定数 a の値を求めよう。

この 2 次方程式が異なる 2 つの実数解をもつための a の値の範囲は

$$\boxed{\text{O}} < a < \frac{\boxed{\text{P}}}{\boxed{\text{Q}}}$$

である。また

$$\alpha - \beta = \boxed{\text{R}}\sqrt{-\boxed{\text{S}}a^2 + 10a - \boxed{\text{T}}}$$

である。

$$\boxed{\text{O}} < a < \frac{\boxed{\text{P}}}{\boxed{\text{Q}}} \quad \text{のとき}$$

$$-\boxed{\text{S}}a^2 + 10a - \boxed{\text{T}}$$

の最大値は $\dfrac{\boxed{\text{U}}}{\boxed{\text{V}}}$ である。

ここで，$\alpha - \beta$ が 2 の倍数であるから

$$-\boxed{\text{S}}a^2 + 10a - \boxed{\text{T}} = \boxed{\text{W}}$$

となり

$$a = \frac{\boxed{\text{X}}}{\boxed{\text{Y}}},\qquad \boxed{\text{Z}}$$

である。

- 計算欄 (memo) -

II の問題はこれで終わりです。

III

3 でも 5 でも割り切れない正の整数全体の集合を S とおく。

(1) 正の整数 a を 15 で割ったときの商を q, 余りを r とすると

$$a = \boxed{\text{AB}}\, q + r, \qquad \text{ただし,} \quad \boxed{\text{C}} \leqq r \leqq \boxed{\text{DE}}$$

が成り立つ。

特に $a \in S$ ならば, r は $\boxed{\text{F}}$ の $\boxed{\text{G}}$ 個の整数のいずれかである。ただし, $\boxed{\text{F}}$ には, 下の選択肢 ⓪ 〜 ④ の中から適するものを選びなさい。

- ⓪ $0, 2, 4, 6, 8, 10, 12, 14$
- ① $1, 3, 5, 7, 9, 11, 13$
- ② $0, 1, 2, 4, 7, 8, 11, 13, 14$
- ③ $1, 2, 4, 7, 8, 11, 13, 14$
- ④ $1, 2, 4, 7, 8, 10, 11, 13, 14$

(2) S の要素を小さい順に並べたとき, 小さい方から数えて 50 番目の整数は $\boxed{\text{HI}}$ である。

(3) $a \in S$, $a \leqq 50$ を満たす a の個数 n を求めよう。$a \in S$, $a \leqq 45$ を満たす a の個数は $\boxed{\text{JK}}$ であるから, $n = \boxed{\text{LM}}$ である。

(4) $30 \leqq a < b \leqq 45$ を満たす S の 2 つの要素 a, b で, $a+b$ を 15 で割ると 2 余るような a, b は

$$a = \boxed{\text{NO}}, \qquad b = \boxed{\text{PQ}}$$

である。

- 計算欄 (memo) -

IV

長方形 ABCD の内部に，辺 BC を直径とする半円 O があり，辺 AB を $1:3$ に内分する点を P とするとき，線分 DP は点 T で半円 O に接しているとする。

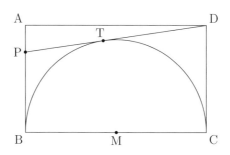

(1)　はじめに，三角形 PBT と三角形 DCT の面積比の値を求める。

　　仮定より，$PB = \dfrac{\boxed{A}}{\boxed{B}} AB$ である。したがって，$PD = \dfrac{\boxed{C}}{\boxed{D}} AB$ であり，長方形の縦と横の長さの比は $AB : BC = \boxed{E} : \sqrt{\boxed{F}}$ であることがわかる。また，辺 BC の中点を M とすると，$PB : MC = \sqrt{\boxed{G}} : \boxed{H}$ であるから

$$BT : CT = \sqrt{\boxed{I}} : \boxed{J}$$

となる。したがって，三角形 PBT と三角形 MCT の面積比の値および 三角形 MBT と三角形 DCT の面積比の値は

$$\frac{\triangle PBT}{\triangle MCT} = \frac{\boxed{K}}{\boxed{L}}, \qquad \frac{\triangle MBT}{\triangle DCT} = \frac{\boxed{M}}{\boxed{N}}$$

となるから，三角形 PBT と三角形 DCT の面積比の値は

$$\frac{\triangle PBT}{\triangle DCT} = \frac{\boxed{O}}{\boxed{PQ}}$$

である。

（IV は次ページに続く）

(2)　　次に，$\cos \angle \mathrm{DCT}$ の値を求める。

　　$\angle \mathrm{PBT} = \theta$ とおく。このとき

$$\tan \theta = \sqrt{\dfrac{\boxed{\text{R}}}{\boxed{\text{S}}}}, \qquad \cos \theta = \dfrac{\boxed{\text{T}}\sqrt{\boxed{\text{U}}}}{\boxed{\text{V}}}$$

であるから

$$\cos \angle \mathrm{DCT} = \sqrt{\dfrac{\boxed{\text{WX}}}{\boxed{\text{Y}}}}$$

を得る。

$\boxed{\text{IV}}$ の問題はこれで終わりです。$\boxed{\text{IV}}$ の解答欄　$\boxed{\text{Z}}$　はマークしないでください。

コース1の問題はこれですべて終わりです。解答用紙の　$\boxed{\text{V}}$　はマークしないでください。

解答用紙の解答コース欄に「コース1」が正しくマークしてあるか，

もう一度確かめてください。

この問題冊子を持ち帰ることはできません。

数学 コース 2
（上級コース）

「解答コース」記入方法

　解答コースには「コース1」と「コース2」があ
りますので，どちらかのコースを <u>一つだけ</u>
選んで解答してください。「コース2」を解答
する場合は，右のように，解答用紙の「解答
コース」の「コース2」を ◯ で囲み，その下
のマーク欄をマークしてください。

<u>選択したコースを正しくマークしないと，採点されません。</u>

I

問 1 $a \neq 0$ とし，2 次関数

$$y = ax^2 + bx + c \quad \cdots\cdots\cdots \quad ①$$

を考える。この関数のグラフ C は，直線 $y = 1$ と 2 点で交わり，その 2 点間の距離は 4，さらに，直線 $y = 3$ と 2 点で交わり，その 2 点間の距離は 6 であるとする。

(1) C の頂点の座標を (p, q) とおく。このとき，C と直線 $y = 1$ との交点のひとつをとり，その x 座標を α とおくと

$$|\alpha - p| = \boxed{\text{A}}$$

であるから，2 次関数 ① を a, p, q を使って表した式に交点の座標 $(\alpha, 1)$ を代入すれば，等式

$$\boxed{\text{B}}\,a + q = \boxed{\text{C}}$$

が成り立つことがわかる。C と直線 $y = 3$ との交点に対しても同様にして，等式

$$\boxed{\text{D}}\,a + q = \boxed{\text{E}}$$

が成り立つ。したがって，これら 2 式より

$$a = \frac{\boxed{\text{F}}}{\boxed{\text{G}}}, \qquad q = -\frac{\boxed{\text{H}}}{\boxed{\text{I}}}$$

を得る。

(2) さらに，C が点 $\left(2, -\dfrac{1}{5}\right)$ を通り，C の頂点の x 座標 p が 2 より小さいとすると

$$b = -\frac{\boxed{\text{J}}}{\boxed{\text{K}}}, \qquad c = -\frac{\boxed{\text{L}}}{\boxed{\text{M}}}$$

である。

- 計算欄 (memo) -

問2　2つの整数 m と n が「つながっている」とは

$$n \text{ が } m-1,\ m,\ m+1 \text{ のどれかであること}$$

と定義する。1つのサイコロを投げる操作を繰り返す試行を行う。まず1回目を投げる。2回目以降の操作では，直前の操作で出た目とつながっている目が出たならば次の操作に進むが，つながっていない目が出たならばそこで試行は終了とする。

(1)　2回目の操作を終えた時点で，試行が終了していない確率は $\dfrac{\boxed{\text{N}}}{\boxed{\text{O}}}$ である。

(2)　2回目の操作で，試行が終了する確率は $\dfrac{\boxed{\text{P}}}{\boxed{\text{Q}}}$ である。

　　以下の文中の $\boxed{\text{R}}$，$\boxed{\text{S}}$，$\boxed{\text{T}}$ には，下の選択肢 ⓪ 〜 ⑨ の中から適するものを選びなさい。

(3)　3回目の操作を終えた時点で，試行が終了していない確率は $\boxed{\text{R}}$ である。

(4)　3回以下の操作で，試行が終了する確率は $\boxed{\text{S}}$ である。

(5)　3回目の操作で，試行が終了する確率は $\boxed{\text{T}}$ である。

⓪ $\dfrac{12}{27}$　　① $\dfrac{16}{27}$　　② $\dfrac{11}{54}$　　③ $\dfrac{13}{54}$　　④ $\dfrac{19}{54}$

⑤ $\dfrac{37}{54}$　　⑥ $\dfrac{41}{54}$　　⑦ $\dfrac{43}{54}$　　⑧ $\dfrac{49}{108}$　　⑨ $\dfrac{71}{108}$

- 計算欄 (memo) -

$\boxed{\text{II}}$

問 1　第 n 項が

$$a_n = 4n^2 + 5n - 6$$

で与えられる数列 $a_1,\ a_2,\ \cdots,\ a_n,\ \cdots$ を考える。

次の (1) の文中の $\boxed{\text{D}}$, $\boxed{\text{E}}$, $\boxed{\text{H}}$, $\boxed{\text{I}}$ には, (1) の問いの下の選択肢 ⓪ ～ ⑨ の中から適するものを選びなさい。また, その他の $\boxed{}$ には, 適する数を入れなさい。

(1)　a_n が 5 の倍数となるような n を求めよう。また, そのときの a_n を求めよう。

a_n は

$$a_n = \left(n + \boxed{\text{A}}\right)\left(\boxed{\text{B}}\,n - \boxed{\text{C}}\right)$$

と因数分解できる。したがって, a_n が 5 の倍数ならば, $n + \boxed{\text{A}}$ と $\boxed{\text{B}}\,n - \boxed{\text{C}}$ のいずれかは 5 の倍数である。

(i)　$n + \boxed{\text{A}}$ が 5 の倍数のとき, n は整数 k を用いて

$$n = \boxed{\text{D}}$$

と表される。このとき, a_n は k を用いて

$$a_n = \boxed{\text{E}}$$

と表される。

（問 1 は次ページに続く）

(ii) $\boxed{\text{B}}\, n - \boxed{\text{C}}$ が 5 の倍数のとき，整数 j を用いて

$$\boxed{\text{B}}\, n - \boxed{\text{C}} = \boxed{\text{F}}\, j$$

と表すと，この式は

$$n + \boxed{\text{G}} = \boxed{\text{F}}\,(n - j)$$

と変形できる。したがって，n は整数 k を用いて

$$n = \boxed{\text{H}}$$

と表される。このとき，a_n は k を用いて

$$a_n = \boxed{\text{I}}$$

と表される。

⓪ $5k - 1$ ① $5k - 2$ ② $5k - 3$ ③ $5k - 4$

④ $5(20k^2 - 9k)$ ⑤ $5(20k^2 - 11k)$ ⑥ $5(20k^2 - 13k)$

⑦ $5(20k^2 - 17k + 3)$ ⑧ $5(20k^2 - 18k + 3)$ ⑨ $5(20k^2 - 19k + 3)$

次の (2) の文中の $\boxed{\text{L}}$，$\boxed{\text{M}}$ には，(2) の問いの下の選択肢 ⓪ ～ ⑦ の中から適するものを選びなさい。また，その他の $\boxed{}$ には，適する数を入れなさい。

(2) 最初の 20 項 a_1, a_2, $\cdots$, a_{20} の中で 5 の倍数である項の個数は $\boxed{\text{J}}$ である。また，それらの和 S は

$$S = \sum_{k=1}^{\boxed{\text{K}}} \boxed{\text{L}} = \boxed{\text{M}}$$

である。

⓪ 4506 ① 4605 ② 4560 ③ 4650

④ $5(40k^2 - 28k + 3)$ ⑤ $5(40k^2 - 33k + 2)$

⑥ $5(40k^2 - 30k + 3)$ ⑦ $5(40k^2 - 36k + 4)$

問 2　　$\alpha,\ \beta$ を

$$|\alpha| = \sqrt{10}, \quad 4(1+3i)\alpha - (7+i)\beta = 0$$

を満たす複素数とし，複素数平面で $0,\ \alpha,\ \beta$ を表す点をそれぞれ O, A, B とする。

(1)　　$|\beta| = \boxed{\text{N}}\sqrt{\boxed{\text{O}}}$ である。

(2)　　$\dfrac{\beta}{\alpha}$ の偏角を θ とすると，

$$\sin\theta = \dfrac{\boxed{\text{P}}\sqrt{\boxed{\text{Q}}}}{\boxed{\text{R}}}$$

である。

(3)　　三角形 OAB の面積は $\boxed{\text{S}}$ である。

(4)　　直線 OB に関して A と対称な点を C とする。C は原点 O を中心として A を $\boxed{\text{T}}\,\theta$ だけ回転して得られる点であるから，C を表す複素数を γ とすると

$$\gamma = \dfrac{-\boxed{\text{U}} + \boxed{\text{V}}\,i}{\boxed{\text{W}}}\,\alpha$$

である。

(5)　　$\angle\mathrm{OBA} = \varphi \quad (0 < \varphi < \pi)$ とおくと

$$\sin\varphi = \dfrac{\boxed{\text{X}}\sqrt{\boxed{\text{YZ}}}}{\boxed{\text{YZ}}}$$

である。

- 計算欄 (memo) -

III

a, b は正の定数とし，x の関数

$$y = (\log_4 a^3) \cdot (\log_4 x) \cdot (\log_4 ax) + (\log_4 b^3) \cdot \left(\log_4 \frac{x}{b}\right) \cdot (\log_4 x) + (\log_4 x)^3$$

について考える。この関数が $x = \dfrac{1}{2}$ で極値 m_1 をとり，$x = 8$ で極値 m_2 をとるとき，a, b, $|m_1 - m_2|$ の値をそれぞれ求めよう。

次の文中の　$\boxed{\text{A}}$，$\boxed{\text{B}}$，$\boxed{\text{D}}$，$\boxed{\text{E}}$，$\boxed{\text{L}}$，$\boxed{\text{O}}$　には，下の選択肢 ⓪ ～ ⑨ の中から適するものを選びなさい。また，その他の $\boxed{}$ には，適する数を入れなさい。

$\log_4 a = p$, $\log_4 b = q$, $\log_4 x = t$ とおくと，y は t を用いて

$$y = t^3 + \boxed{\text{A}}\, t^2 + \boxed{\text{B}}\, t$$

と表される。この右辺を $g(t)$ とおくと

$$\frac{dy}{dt} = g'(t) = \boxed{\text{C}} \left\{ t^2 + \boxed{\text{D}}\, t + \boxed{\text{E}} \right\}$$

である。仮定より，$y = g(t)$ は $t = -\dfrac{\boxed{\text{F}}}{\boxed{\text{G}}}$，$t = \dfrac{\boxed{\text{H}}}{\boxed{\text{I}}}$ で極値をとるので

$$\frac{\boxed{\text{J}}}{\boxed{\text{K}}} - \boxed{\text{L}} + \boxed{\text{E}} = 0,$$

$$\frac{\boxed{\text{M}}}{\boxed{\text{N}}} + \boxed{\text{O}} + \boxed{\text{E}} = 0$$

が成り立つ。これを解いて，$p = \dfrac{\boxed{\text{P}}}{\boxed{\text{Q}}}$，$q = \boxed{\text{RS}}$ が得られる。したがって

$$a = \boxed{\text{T}}, \quad b = \frac{\boxed{\text{U}}}{\boxed{\text{V}}}, \quad |m_1 - m_2| = \boxed{\text{W}}$$

である。

⓪ $(p-q)$　① $2(p-q)$　② $3(p-q)$　③ (p^2-q^2)　④ $3(p^2-q^2)$

⑤ $(p+q)$　⑥ $2(p+q)$　⑦ $3(p+q)$　⑧ (p^2+q^2)　⑨ $3(p^2+q^2)$

- 計算欄 (memo) -

III の問題はこれで終わりです。 III の解答欄 X ～ Z はマークしないでください。

IV

点 $(1, a)$ を通って，曲線 $y = \dfrac{x-2}{x^2}$ にちょうど 3 本の接線が引けるような a の値の範囲を求めよう。

曲線上の点 $\left(t, \dfrac{t-2}{t^2} \right)$ における接線の方程式は

$$y = -\frac{t - \boxed{\text{A}}}{t^3} x + \frac{\boxed{\text{B}}\, t - \boxed{\text{C}}}{t^2}$$

である。この接線が点 $(1, a)$ を通るので

$$a = \frac{\boxed{\text{D}}\, t^2 - \boxed{\text{E}}\, t + \boxed{\text{F}}}{t^3} \qquad \cdots\cdots\cdots \quad ①$$

である。

3 本の接線が引けるためには，この t に関する方程式 ① が異なる 3 つの実数解をもてばよい。そのために

$$f(t) = \frac{\boxed{\text{D}}\, t^2 - \boxed{\text{E}}\, t + \boxed{\text{F}}}{t^3}$$

とおいて，$f(t)$ の増減等を調べる。

次の文中の $\boxed{\text{J}}$，$\boxed{\text{L}}$，$\boxed{\text{N}}$，$\boxed{\text{O}}$，$\boxed{\text{P}}$，$\boxed{\text{Q}}$，$\boxed{\text{R}}$ には，右のページの選択肢 ⓪ ～ ⑤ の中から適するものを選びなさい。また，その他の $\boxed{}$ には，適する数を入れなさい。

$f(t)$ を微分すると

$$f'(t) = -\frac{2\left(t - \boxed{\text{G}} \right)\left(t - \boxed{\text{H}} \right)}{t^4} \qquad \left(\text{ただし，} \boxed{\text{G}} < \boxed{\text{H}} \right)$$

であるから，$f(t)$ は

$$
\begin{array}{llll}
t < \boxed{\text{I}} & \text{のとき，} & \boxed{\text{J}} \\[4pt]
\boxed{\text{I}} < t < \boxed{\text{K}} & \text{のとき，} & \boxed{\text{L}} \\[4pt]
\boxed{\text{K}} < t < \boxed{\text{M}} & \text{のとき，} & \boxed{\text{N}} \\[4pt]
\boxed{\text{M}} < t & \text{のとき，} & \boxed{\text{O}}
\end{array}
$$

となる。

（$\boxed{\text{IV}}$ は次ページに続く）

また

$$\lim_{t\to\infty} f(t) = \lim_{t\to-\infty} f(t) = \boxed{\text{P}}, \quad \lim_{t\to+0} f(t) = \boxed{\text{Q}}, \quad \lim_{t\to-0} f(t) = \boxed{\text{R}}$$

である。

したがって，3 本の接線が引けるような a の値の範囲は

$$-\boxed{\text{S}} < a < \boxed{\text{T}}, \quad \boxed{\text{U}} < a < \frac{\boxed{\text{VW}}}{\boxed{\text{XYZ}}}$$

である。

  ⓪ 0   ① 1   ② 増加   ③ 減少

  ④ ∞ ⑤ $-\infty$

$\boxed{\text{IV}}$ の問題はこれで終わりです。

コース 2 の問題はこれですべて終わりです。解答用紙の $\boxed{\text{V}}$ はマークしないでください。

解答用紙の解答コース欄に「コース 2」が正しくマークしてあるか，
もう一度確かめてください。

この問題冊子を持ち帰ることはできません。

2022 Examination for Japanese University Admission
for International Students

Science (80 min.)

【Physics, Chemistry, Biology】

※ Choose and answer <u>two subjects</u>.

※ Answer the questions using <u>the front side of the answer sheet for one subject</u>, and <u>the reverse side for the other subject</u>.

I   Rules of Examination

1. Do not leave the room without the proctor's permission.

2. Do not take this question booklet out of the room.

II   Rules and Information Concerning the Question Booklet

1. Do not open this question booklet until instructed.

2. After instruction, write your name and examination registration number in the space provided below, as printed on your examination voucher.

3. The pages of each subject are as in the following table.

Subject	Pages
Physics	1 – 21
Chemistry	23 – 38
Biology	39 – 50

4. If your question booklet is missing any pages, raise your hand.

5. You may write notes and calculations in the question booklet.

III   Rules and Information Concerning the Answer Sheet

1. You must mark your answers on the answer sheet with an HB pencil.

2. Each question is identified by one of the row numbers **1** , **2** , **3** , ⋯ . Follow the instruction in the question and completely black out your answer in the corresponding row of the answer sheet (mark-sheet).

3. Make sure also to read the instructions on the answer sheet.

※ Once you are instructed to start the examination, fill in your examination registration number and name.

Examination registration number		*				*					
Name											

Physics

Marking your Choice of Subject on the Answer Sheet

Choose and answer two subjects from Physics, Chemistry, and Biology.   Use the front side of the answer sheet for one subject, and the reverse side for the other subject.

As shown in the example on the right, if you answer the Physics questions, circle "Physics" and completely fill in the oval under the subject name.

If you do not correctly fill in the appropriate oval, your answers will not be graded.

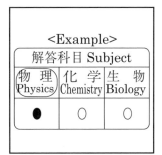

<Example>

解答科目 Subject		
物　理 Physics	化　学 Chemistry	生　物 Biology
●	○	○

I Answer questions **A** (Q1), **B** (Q2), **C** (Q3), **D** (Q4), **E** (Q5), and **F** (Q6) below, where g denotes the magnitude of acceleration due to gravity, and air resistance is negligible.

A As shown in the figure below, a thin rod of negligible mass is suspended from a ceiling by lightweight string 1 attached to end **A** and lightweight string 2 attached to end **B**. Also, a weight of mass m is suspended from the rod, using a lightweight string attached to a position on the rod that is away from the center. The rod comes to rest such that the rod is horizontal, string 1 forms an angle of $60°$ with the horizontal, and string 2 forms an angle of $30°$ with the horizontal. Let us denote as T_1 the tension in string 1 and as T_2 the tension in string 2.

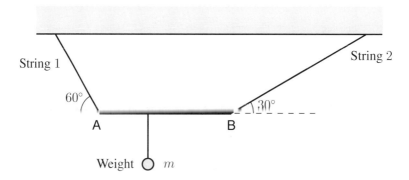

Q1 What is T_2? From ①-④ below choose the correct answer. **1**

① $\dfrac{1}{4}mg$ ② $\dfrac{\sqrt{3}}{4}mg$ ③ $\dfrac{1}{2}mg$ ④ $\dfrac{\sqrt{3}}{2}mg$

B As shown in the figure below, a certain smooth slope forms an angle of $30°$ with the horizontal. Small object A at point O on the slope is given an initial speed of v_0 along the slope upward, and simultaneously small object B is gently released from point P on the slope, at height h from O. In order for A to collide with B while ascending, v_0 must exceed a certain speed v_1.

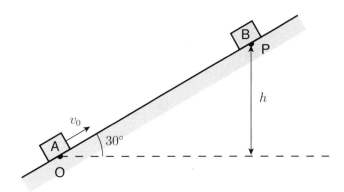

Q2 What is v_1? From ①-④ below choose the correct answer. [2]

① $\dfrac{\sqrt{gh}}{2}$ ② $\dfrac{\sqrt{2gh}}{2}$ ③ $\sqrt{gh}$ ④ $\sqrt{2gh}$

C As shown in the figure below, a uniform cylindrical object, A, is floated on water held in a container placed on a scale. A floats horizontally on the water's surface. The volume of the portion of A that is above the water's surface is 20.0 % of A's total volume. Here, the reading on the scale is 5.00×10^{-1} kg. Next, a thin rod is used to push the center of A's upper surface vertically downward such that A becomes completely immersed in the water while remaining horizontal. A is not in contact with the container. Now, the reading on the scale is 5.50×10^{-1} kg.

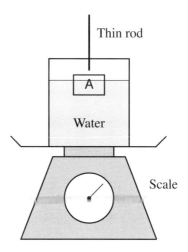

Q3 What is the mass of A (in kg)? From ①-⑥ below choose the best answer.   **3** kg

① 4.0×10^{-2}

② 6.3×10^{-2}

③ 1.0×10^{-1}

④ 2.0×10^{-1}

⑤ 2.5×10^{-1}

⑥ 4.0×10^{-1}

D As shown in the figure below, a platform with height h is fixed in place on a horizontal floor, and one end of a spring (spring coefficient: k) is attached to a wall on the smooth upper surface of the platform. Small object P (mass: m) is pushed against the other end of the spring and is gently released when the spring is compressed distance d from position O, where the spring is at its natural length. P moves across the platform's upper surface and elastically collides with small object Q (mass: $2m$), which was at rest at the edge of the platform. Q then flies off the platform and lands on the floor at a position whose horizontal distance from the platform's edge is x.

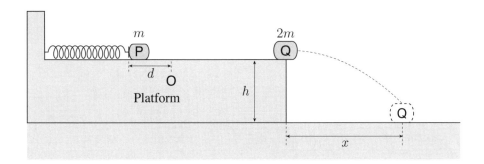

Q4 What is x? From ①-⑧ below choose the correct answer. $\boxed{4}$

① $\dfrac{2d}{3}\sqrt{\dfrac{hk}{mg}}$ ② $\dfrac{2d}{3}\sqrt{\dfrac{2hk}{mg}}$ ③ $\dfrac{3d}{4}\sqrt{\dfrac{hk}{mg}}$ ④ $\dfrac{3d}{4}\sqrt{\dfrac{2hk}{mg}}$

⑤ $\dfrac{2d}{3}\sqrt{\dfrac{mg}{hk}}$ ⑥ $\dfrac{2d}{3}\sqrt{\dfrac{mg}{2hk}}$ ⑦ $\dfrac{3d}{4}\sqrt{\dfrac{mg}{hk}}$ ⑧ $\dfrac{3d}{4}\sqrt{\dfrac{mg}{2hk}}$

E As shown in Figure 1 below, small object **A** (mass: m) is placed on a smooth horizontal surface in contact with one end of a lightweight spring whose other end is fixed in place. **A** is pushed against the spring until the spring is compressed distance d from its natural length state, and is then gently released. **A** separates from the spring when the spring reaches its natural length, and continues to move across the smooth horizontal surface. It then comes to rest after traveling distance L_0 across a region of the surface that has friction. Next, as shown in Figure 2, small object **B** (mass: $3m$) is pushed against the same spring and is gently released after the spring is compressed distance $2d$ from its natural length state. **B** then moves across the smooth horizontal surface and comes to rest after traveling distance L_1 across the region of the surface that has friction. The coefficient of kinetic friction between **A** and the horizontal surface's region with friction is equal to that between **B** and the region with friction.

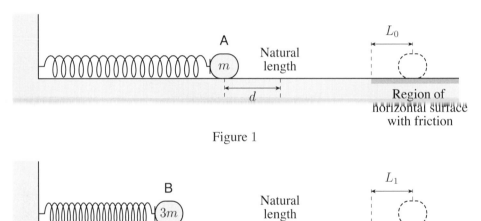

Figure 1

Figure 2

Q5 What is $\dfrac{L_1}{L_0}$? From ①-⑥ below choose the correct answer. |5|

① $\dfrac{1}{6}$ ② $\dfrac{2}{3}$ ③ $\dfrac{3}{4}$

④ $\dfrac{4}{3}$ ⑤ $\dfrac{3}{2}$ ⑥ 6

F As shown in the figure below, a certain frictionless slope is shaped such that segment AB
is a straight line and segment BCD is a circular arc with radius r. A small object of mass
m gently begins to slide down the slope from point A, whose height above the lowest point
of the slope, C, is r. Let us denote as N the magnitude of the normal force acting on the
object at C.

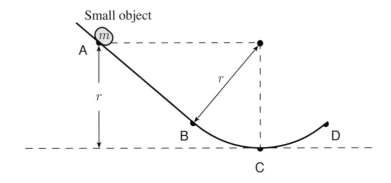

Q6 What is N? From ①-⑤ below choose the correct answer. $\boxed{6}$

① mg ② $\dfrac{3}{2}mg$ ③ $2mg$ ④ $\dfrac{5}{2}mg$ ⑤ $3mg$

II   Answer questions **A** (Q1), **B** (Q2), and **C** (Q3) below.

A   Water of 200 g is placed in a copper container, which is then completely placed inside a thermally insulated container. After sufficient time elapses, the temperature of the copper container and the water becomes 10 °C. Next, metal **A**, whose mass is 100 g and temperature is 65 °C is placed in the water. After sufficient time elapses, the temperature of the copper container, the water, and metal **A** becomes 15 °C. Assume that the heat capacity of the copper container is 60 J/K, and the specific heat of water is 4.2 J/(g · K). Assume that any transfer of heat occurs only among the copper container, the water, and metal **A**.

Q1   What is the specific heat of metal **A** (in J/(g · K))? From ①-⑥ below choose the best answer.   **7** J/(g · K)

    ①   0.7   ②   0.8   ③   0.9

    ④   7   ⑤   8   ⑥   9

B As shown in the figure below, thermally insulated container A (volume: V_A) and thermally insulated container B (volume: V_B) are connected by a thin thermally insulated tube of negligible volume. The tube has a thermally insulated stopcock, which is initially closed. A contains an ideal gas at pressure p_0 and absolute temperature T_0. The interior of B is a vacuum. Next, the stopcock is opened. After sufficient time elapses, the pressure of the gas inside A becomes p_1. The heat capacity of A, B, the tube, and the stopcock is negligible.

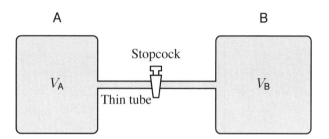

Q2 What is p_1? From ①-⑦ below choose the correct answer. $\boxed{8}$

① $\dfrac{V_A}{V_A + V_B} p_0$ ② $\dfrac{V_B}{V_A + V_B} p_0$ ③ $\dfrac{V_A}{V_B} p_0$ ④ p_0

⑤ $\dfrac{V_A + V_B}{V_A} p_0$ ⑥ $\dfrac{V_A + V_B}{V_B} p_0$ ⑦ $\dfrac{V_B}{V_A} p_0$

C A certain quantity of an ideal gas is enclosed in a cylinder. As shown in the $p-V$ diagram below, the state of the gas is changed from state **A** to state **B** via path 1, whereby the gas absorbs 60 J of heat and does 30 J of work on the environment. Next, the state of the gas is changed from state **B** to state **A** via path 2, whereby the environment does 20 J of work on the gas, and the gas either absorbs or releases heat with quantity of heat Q.

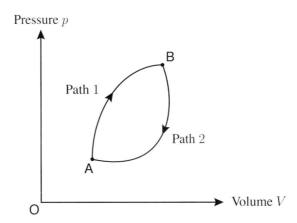

Q3 What is Q (in J)? Also, did the ideal gas absorb heat, or release heat? From ①-⑥ below choose the best combination. **9**

	Q (J)	Absorbed or released
①	70	absorbed
②	70	released
③	50	absorbed
④	50	released
⑤	10	absorbed
⑥	10	released

III   Answer questions **A** (**Q1**), **B** (**Q2**), and **C** (**Q3**) below.

A Consider a sinusoidal wave propagating in the positive direction of an x-axis. Figure 1 below is a graph showing the relationship between displacement y and time t at position coordinate $x = 0$ m, and Figure 2 is a graph showing the relationship between displacement y and position coordinate x at time $t = 0$ s. Here, displacement y is expressed as a function of position coordinate x and time t as $y = A \sin 2\pi(at + bx)$.

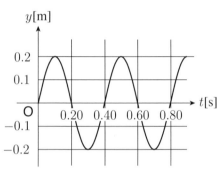

Figure 1

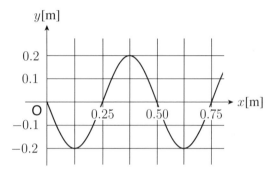

Figure 2

Q1 What is a (in s^{-1})? Also, what is b (in m^{-1})? From ①-⑧ below choose the best combination. **10**

	①	②	③	④	⑤	⑥	⑦	⑧
a (s^{-1})	2.5	2.5	2.5	2.5	5.0	5.0	5.0	5.0
b (m^{-1})	−4.0	−2.0	2.0	4.0	−4.0	−2.0	2.0	4.0

B As shown in the figure below, a sound source is placed near the open end of a glass tube of length L that contains a piston. Let us denote as d the distance of the piston from the tube's open end. The piston is slowly moved such that d gradually increases from zero, while a sound of frequency f_1 is emitted by the sound source. The first resonance occurs when $d = 0.20 \times L$, and the second resonance occurs when $d = 0.60 \times L$. Next, the experiment is repeated, but the frequency of the sound emitted by the sound source is changed to f_2. The first resonance occurs when $d = 0.25 \times L$, and the second resonance occurs when $d = 0.75 \times L$. Let us denote as V the speed of sound. Assume that end correction is negligible.

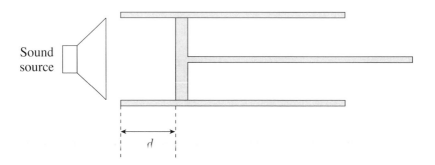

Q2 What is $f_1 - f_2$? From ①-⑥ below choose the best answer. $\boxed{11}$

①　$0.25 \times \dfrac{V}{L}$　　　　②　$0.50 \times \dfrac{V}{L}$　　　　③　$1.0 \times \dfrac{V}{L}$

④　$-0.25 \times \dfrac{V}{L}$　　　　⑤　$-0.50 \times \dfrac{V}{L}$　　　　⑥　$-1.0 \times \dfrac{V}{L}$

C As shown in Figure 1 below, light with wavelength λ is directed in air perpendicularly at a diffraction grating with grating constant d. A bright band appears at point P on a screen that is sufficiently distant and perpendicular to the incidental light, as a result of first-order diffracted light (the diffracted light producing the bright bands nearest the center of the screen, excluding the center). The angle formed between this diffracted light and the incidental light is θ_1. Next, as shown in Figure 2, the same light with wavelength λ is directed in air at the upper surface of an object with refractive index n at an angle of incidence of 30°. The light passes through the object at angle of refraction θ_2. Here, $\theta_1 = \theta_2$. Assume the refractive index of air is 1.

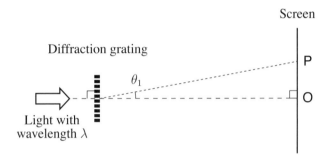

Figure 1

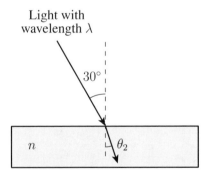

Figure 2

Q3 What is n? From ①-④ below choose the best answer. 　　|12|

① $\dfrac{2\lambda}{d}$ 　　　② $\dfrac{\lambda}{2d}$ 　　　③ $\dfrac{2d}{\lambda}$ 　　　④ $\dfrac{d}{2\lambda}$

IV Answer questions **A** (Q1), **B** (Q2), **C** (Q3), **D** (Q4), **E** (Q5), and **F** (Q6) below.

A As shown in the figure below, three point charges are fixed in place in an xy plane. Point charge **A**, with quantity of electricity Q (> 0), is at point $(-\ell, 0)$. Point charge **B**, with quantity of electricity $2Q$, is at point $(\ell, 0)$. Point charge **C**, with quantity of electricity $-Q$, is at point $(0, \ell)$. Let us denote as F_x the x-component of the electrostatic force exerted on **C** by **A** and **B**, and as F_y the y-component.

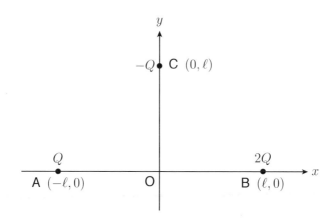

Q1 What is $\dfrac{F_y}{F_x}$? From ①-⑧ below choose the correct answer. **13**

① $\dfrac{1}{3}$ ② $\dfrac{1}{2}$ ③ 2 ④ 3

⑤ $-\dfrac{1}{3}$ ⑥ $-\dfrac{1}{2}$ ⑦ -2 ⑧ -3

B Ten capacitors, each with a capacitance of 3.0 μF, are connected as shown in the figure below. Initially, all the capacitors are uncharged. Next, an electric potential difference of 10 V is applied between terminals A and B.

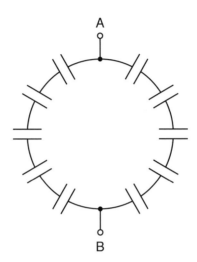

Q2 What is the total electrostatic energy stored in the ten capacitors (in μJ)? From ①-⑥ below choose the best answer. $\boxed{14}$ μJ

①　15

②　21

③　30

④　42

⑤　60

⑥　75

C Resistors A, B, and C, each with resistance R, and two batteries, each with electromotive force E, are connected as shown in Figure 1 below. Let us denote as I_1 the magnitude of the electric current flowing through C in this case. Next, the direction of the battery on the right side of the circuit in Figure 1 is changed to form the circuit shown in Figure 2. Let us denote as I_2 the magnitude of the current flowing through C in this case. The internal resistance of the batteries is negligible.

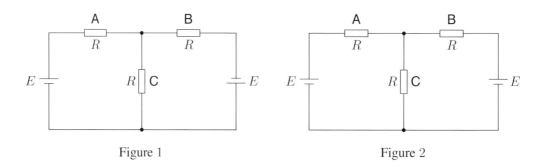

Figure 1   Figure 2

Q3 What is I_1? Also, what is I_2? From ①-⑥ below choose the correct combination. **15**

	①	②	③	④	⑤	⑥
I_1	0	0	$\dfrac{E}{3R}$	$\dfrac{E}{3R}$	$\dfrac{2E}{3R}$	$\dfrac{2E}{3R}$
I_2	$\dfrac{E}{3R}$	$\dfrac{2E}{3R}$	$\dfrac{E}{3R}$	$\dfrac{2E}{3R}$	$\dfrac{E}{3R}$	$\dfrac{2E}{3R}$

D As shown in the figure below, two sufficiently long straight conducting wires are parallel to one another within this page and are separated by distance d. An electric current of magnitude I_1 flows through the wire on the left in the upward direction, and a current of magnitude I_2 flows through the wire on the right in the upward direction. Let us define an x-axis within this page that is perpendicular to the wires. The positive direction of the x-axis is to the right, and the origin, O, is the x-axis's intersection with the wire on the left. The magnetic field created by the two currents is investigated along the x-axis, and it is determined that the magnitude of the field is zero at the x-coordinate x_0.

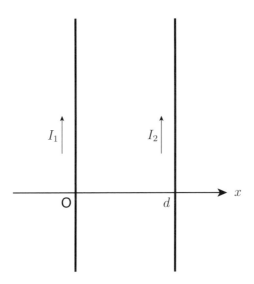

Q4 What is x_0? From ①-⑥ below choose the correct answer.　　　　$\boxed{16}$

①　$\dfrac{I_1}{I_1+I_2}d$　　　②　$\dfrac{I_1}{I_1-I_2}d$　　　③　$\dfrac{I_1}{I_2-I_1}d$

④　$\dfrac{I_2}{I_1+I_2}d$　　　⑤　$\dfrac{I_2}{I_1-I_2}d$　　　⑥　$\dfrac{I_2}{I_2-I_1}d$

E A uniform magnetic field is applied in a direction perpendicular to this page. Charged particle **A**, which has mass m and positive quantity of electricity q, is, as shown in the figure below, undergoing uniform circular motion with radius r and speed v in the direction indicated by the arrow, within this page and the magnetic field. Charged particle **B**, which has mass M and positive quantity of electricity Q, is undergoing uniform circular motion with radius $2r$ and speed v within the same magnetic field.

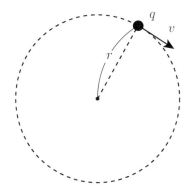

Q5 Is the direction of the magnetic field from the back of this page to the front, or from the front of this page to the back? Also, what is $\dfrac{Qm}{Mq}$, the ratio of **B**'s specific charge ($\dfrac{Q}{M}$) to **A**'s specific charge ($\dfrac{q}{m}$)? From ①-④ below choose the correct combination. **17**

	Direction of magnetic field	$\dfrac{Qm}{Mq}$
①	From back of page to front	$\dfrac{1}{2}$
②	From back of page to front	2
③	From front of page to back	$\dfrac{1}{2}$
④	From front of page to back	2

F Consider a circuit in which two resistors, r and R, battery E, and switch S (initially open) are connected as shown in the figure below. X represents either a coil or a capacitor (initially uncharged). Let us denote as circuit (a) the case where X is a capacitor, and as circuit (b) the case where X is a coil. For both circuits, let us denote as I_0 the magnitude of the electric current that flows through R immediately after S is closed, and as I_1 the magnitude of the current that flows through R when sufficient time has elapsed after S is closed in both circuits.

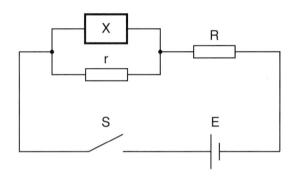

Q6 What is the magnitude relationship between I_0 and I_1 in circuit (a)? Also, what is the magnitude relationship between I_0 and I_1 in circuit (b)? From ①-⑥ below choose the correct combination. $\boxed{18}$

	Circuit (a)	Circuit (b)
①	$I_0 < I_1$	$I_0 > I_1$
②	$I_0 < I_1$	$I_0 = I_1$
③	$I_0 = I_1$	$I_0 > I_1$
④	$I_0 = I_1$	$I_0 < I_1$
⑤	$I_0 > I_1$	$I_0 = I_1$
⑥	$I_0 > I_1$	$I_0 < I_1$

$\boxed{\text{V}}$ Answer question **A** (**Q1**) below.

A α particle is made to collide with a beryllium nucleus ($^9_4$Be). As a result, a neutron is emitted, and a certain nucleus is obtained.

Q1 What is the nucleus obtained? From ①-⑦ below choose the correct answer. $\boxed{19}$

     ① $^1_1$H   ② $^4_2$He   ③ $^7_3$Li   ④ $^{11}_5$B

     ⑤ $^{12}_6$C   ⑥ $^{14}_7$N   ⑦ $^{16}_8$O

End of Physics questions. Leave the answer spaces $\boxed{20}$ – $\boxed{75}$ blank. Please check once more that you have properly marked the name of your subject as "Physics" on your answer sheet.

Do not take this question booklet out of the room.

Chemistry

Marking Your Choice of Subject on the Answer Sheet

Choose and answer two subjects from Physics, Chemistry, and Biology. <u>Use the front side of the answer sheet for one subject, and the reverse side for the other subject.</u>

As shown in the example on the right, if you answer the Chemistry questions, circle "Chemistry" and completely fill in the oval under the subject name.

If you do not correctly fill in the appropriate oval, your answers will not be graded.

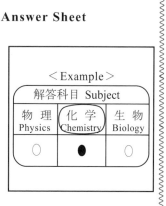

Unless noted otherwise, assume that all gases are ideal gases.

Use the following values for calculation. The unit of volume "liter" is represented by "L".

Standard state: 0 ℃, 1.01×10^5 Pa (1 atm)

The molar volume of an ideal gas at the standard state: 22.4 L/mol

Gas constant: $R = 8.31 \times 10^3$ Pa·L/(K·mol)

Avogadro constant: $N_A = 6.02 \times 10^{23}$ /mol

Faraday constant: $F = 9.65 \times 10^4$ C/mol

Atomic weight: H : 1.0   C : 12   N : 14   O : 16   Na : 23

The relation between the group and the period of elements used in this examination is indicated in the following periodic table. Atomic symbols other than **H** are omitted.

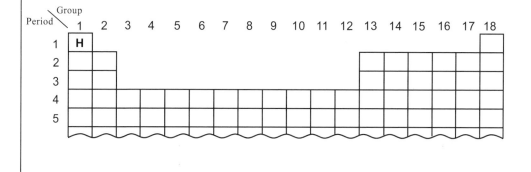

Q1　Among the following atoms ①-④, choose the one that has the largest number of neutrons.　　　　　　　　　　　　　　　　　　　　　　　　　 $\boxed{1}$

①　^{19}F　　②　^{22}Ne　　③　^{23}Na　　④　^{25}Mg

Q2　Atoms of elements **a-d** have the electron configurations indicated in the table below. From the following statements ①-⑤ on **a-d**, choose the correct one.　 $\boxed{2}$

Atom	Electron configuration		
	K shell	L shell	M shell
a	2	0	0
b	2	4	0
c	2	8	2
d	2	8	7

①　**a** and **b** belong to the same period of the periodic table.

②　**a** and **c** belong to different groups of the periodic table.

③　Both **b** and **c** are metallic elements.

④　The chemical bonds between **b** and **d** in the compound **bd**$_4$ are ionic.

⑤　The chemical bonds between **c** and **d** in the compound **cd**$_2$ are covalent.

Q3 A crystal of cesium chloride (CsCl) has the cubic unit cell represented in Figure 1. The cross section **abcd** of the unit cell in which the cesium ion (Cs^+) and the chloride ion (Cl^-) come into contact with each other is illustrated in Figure 2.

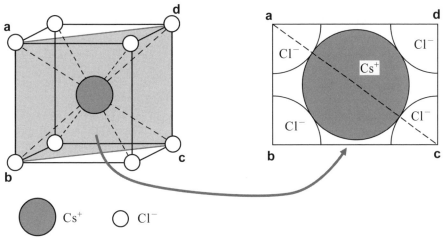

Figure 1   Figure 2

Suppose the ionic radius of Cs^+ and that of Cl^- are r and R, respectively. From ①-⑥ below choose the equation that correctly represents the length of one side of this unit cell.

3

① $r + R$ ② $\dfrac{\sqrt{2}(r + R)}{2}$ ③ $\dfrac{\sqrt{3}(r + R)}{3}$

④ $2(r + R)$ ⑤ $\sqrt{2}(r + R)$ ⑥ $\dfrac{2\sqrt{3}(r + R)}{3}$

Q4   One of the units to express the concentration of minor component gases in atmospheric air is ppm (parts per million, 1 ppm $= 1 \times 10^{-6}$), which is defined as the ratio of the number of the minor component molecules to the total number of gaseous molecules in the air. The present air contains 420 ppm of carbon dioxide (CO_2). How many CO_2 molecules are contained in 1 mL of air? From ①-⑤ below choose the closest value. Assume that the volume of 1 mol of air is 25 L.

| 4 |

① 1.0×10^{15} ② 2.0×10^{15} ③ 1.0×10^{16} ④ 2.0×10^{16} ⑤ 1.0×10^{17}

Q5 Suppose there is a mixture of sodium hydrogencarbonate ($NaHCO_3$) and hydrated sodium carbonate ($Na_2CO_3 \cdot 10H_2O$). When this mixture was heated, it decomposed to generate carbon dioxide (CO_2) and water together with sodium carbonate (Na_2CO_3). The volume of the generated CO_2 was 67.2 L at the standard state, and the mass of the solid decreased by 222 g. How many moles of water were generated? From ①-⑥ below choose the closest value. Assume that the volume of water can be neglected. **5** mol

    ①   3.0   ②   4.0   ③   5.0   ④   6.0   ⑤   7.0   ⑥   8.0

Q6 1.6 mol of nitrogen (N_2) was placed in a container at 27 ℃, and the pressure was kept at 2.0×10^5 Pa. Calculate the density of nitrogen in g/L at this state. From ①-⑤ below choose the closest value. **6** g/L

    ①   1.1   ②   2.2   ③   3.3   ④   4.4   ⑤   5.5

Q7   Sulfur trioxide (SO_3) in the gaseous state was placed in a container with variable temperature and volume. After a sufficient time, the following equilibrium was established.

$$2\ SO_3(g) \rightleftharpoons 2\ SO_2(g) + O_2(g)$$

The forward reaction of this equilibrium is an endothermic reaction.

From the following procedures ①-⑤ choose the one which will shift the equilibrium to the right. Assume that argon (Ar) does not react with any substance and that the volume of the catalyst is negligible. | **7** |

① Reduce the volume while keeping the temperature constant.

② Lower the temperature while keeping the total pressure constant.

③ Add argon while keeping the temperature and the total pressure constant.

④ Add argon while keeping the temperature and the volume constant.

⑤ Add a catalyst while keeping the temperature and the volume constant.

Q8   The following experiments **a** and **b** were carried out to determine the amount of ammonia (NH_3) collected in a gas collecting bottle.

a   The ammonia was completely absorbed by adding 50 mL of 0.100 mol/L aqueous sulfuric acid (H_2SO_4) to the gas collecting bottle.

b   To a 10 mL sample of the solution obtained in experiment **a** was added dropwise a 0.100 mol/L solution of aqueous sodium hydroxide (NaOH). The neutralization point was reached when 15.0 mL of aqueous NaOH was added.

Calculate the amount of ammonia in mol collected in the gas collecting bottle. From ①-⑥ below, choose the closest value.   **8** mol

① 1.25×10^{-3} ② 2.5×10^{-3} ③ 5.0×10^{-3}

④ 1.25×10^{-2} ⑤ 2.5×10^{-2} ⑥ 5.0×10^{-2}

Q9   From ①-⑧ in the table below, choose the correct combination of numbers and words that is compatible with the blanks **a-c** in the following sentence. | **9** |

A precipitate is formed when aqueous hydrogen sulfide (H_2S) and aqueous sulfur dioxide (SO_2) are reacted. During the reaction the oxidation number of sulfur atom (S) in hydrogen sulfide changes from | **a** | to | **b** |. In this reaction sulfur dioxide acts as | **c** |.

	a	b	c
①	−2	0	oxidizing agent
②	+2	0	oxidizing agent
③	0	+2	oxidizing agent
④	0	−2	oxidizing agent
⑤	−2	0	reducing agent
⑥	+2	0	reducing agent
⑦	0	+2	reducing agent
⑧	0	−2	reducing agent

Q10 Aqueous copper(II) sulfate ($CuSO_4$) was electrolyzed with the aid of a lead storage battery as shown in the following figure. From ①-⑥ concerning this experiment, choose the correct statement.

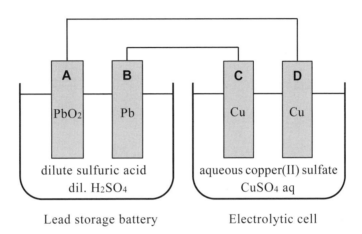

dilute sulfuric acid   aqueous copper(II) sulfate
    dil. H_2SO_4 $CuSO_4$ aq

Lead storage battery   Electrolytic cell

① The mass of electrode **A** decreased.

② The mass of electrode **B** decreased.

③ The concentration of sulfuric acid (H_2SO_4) in the lead storage battery increased.

④ The mass of electrode **C** increased.

⑤ The mass of electrode **D** did not change.

⑥ The concentration of copper(II) sulfate in the electrolytic cell decreased.

Q11   From the following statements ①-④, choose the one in which hydrogen chloride (HCl) acts as an oxidizing agent. $\boxed{11}$

① A gas is produced when dilute hydrochloric acid (HCl aq) is added to zinc (Zn).

② A gas is produced when dilute hydrochloric acid is added to iron(II) sulfide (FeS).

③ A gas is produced when dilute hydrochloric acid is added to calcium carbonate (CaCO₃).

④ A gas is produced when concentrated hydrochloric acid is added to manganese(IV) oxide (MnO₂) and heated.

Q12   From the following statements ①-⑤ on nitrogen (N) and its compounds, choose the one that is **not** correct. $\boxed{12}$

① In industrial scale production, nitrogen (N₂) is obtained by the fractional distillation of liquid air.

② In industrial scale production, ammonia (NH₃) is obtained from nitrogen and hydrogen (H₂).

③ The pH of aqueous ammonia is smaller than that of aqueous nitrogen dioxide (NO₂).

④ The oxidation number of the nitrogen atom (N) of nitrogen dioxide is smaller than that of nitric acid (HNO₃).

⑤ Nitrogen dioxide is generated when concentrated nitric acid (HNO₃) is added to copper (Cu).

Q13 Among the following statements **a-d** on aluminum (Al) and iron (Fe), two are correct. From ①-⑥ below choose the correct combination. 　**13**

   a Both aluminum and iron dissolve in dilute hydrochloric acid (HCl aq) to generate hydrogen (H_2).

   b Both aluminum and iron dissolve in aqueous sodium hydroxide (NaOH) to generate hydrogen.

   c Both aluminum and iron are hardly soluble in concentrated nitric acid (HNO_3) because they form passive states with it.

   d The hydroxide of aluminum dissolves in aqueous ammonia (NH_3), but the hydroxide of iron does not dissolve in aqueous ammonia.

   ① **a, b**   ② **a, c**   ③ **a, d**   ④ **b, c**   ⑤ **b, d**   ⑥ **c, d**

Q14 Suppose there is a salt $M(NH_4)_2(SO_4)_2 \cdot 6H_2O$ which contains the metal ion M^{2+}. The aqueous solution of this salt was found to be acidic. No precipitate was formed when hydrogen sulfide gas (H_2S) was blown into its aqueous solution. A black precipitate was formed when a small amount of aqueous ammonia (NH_3) was added to the above-obtained solution.

   From ①-⑦ below choose the most appropriate one for M^{2+}. 　**14**

   ① Mg^{2+} ② Ca^{2+} ③ Ba^{2+} ④ Cu^{2+}

   ⑤ Fe^{2+} ⑥ Zn^{2+} ⑦ Pb^{2+}

Q15   From the following chemical reactions ①-④, choose the one in which the underlined sulfur (S) compound acts as an oxidizing agent. $\boxed{15}$

①   FeS + $\underline{H_2SO_4}$ $\longrightarrow$ FeSO$_4$ + H$_2$S

② $\underline{H_2S}$ + I$_2$ $\longrightarrow$ 2 HI + S

③   NaCl + $\underline{H_2SO_4}$ $\longrightarrow$ NaHSO$_4$ + HCl

④   Cu + 2 $\underline{H_2SO_4}$ $\longrightarrow$ CuSO$_4$ + 2 H$_2$O + SO$_2$

Q16   1.10 g of carbon dioxide (CO_2) was obtained when 0.36 g of a certain hydrocarbon was completely combusted. From ①-⑥ below choose the compound that is compatible with the empirical formula of this hydrocarbon. $\boxed{16}$

① C$_5$H$_8$ ② C$_5$H$_{10}$ ③ C$_5$H$_{12}$ ④ C$_6$H$_6$ ⑤ C$_6$H$_8$ ⑥ C$_6$H$_{14}$

Q17   Each of the following statements **a**, **b**, and **c** are compatible with acetaldehyde, ethanol, or diethyl ether. From ①-⑥ in the table below, choose the correct combination of substances compatible with **a-c**. | 17 |

a   A gas is generated when sodium metal is added to it.

b   It reduces Fehling's solution.

c   It is not positive to the iodoform reaction.

	a	b	c
①	acetaldehyde	ethanol	diethyl ether
②	acetaldehyde	diethyl ether	ethanol
③	ethanol	acetaldehyde	diethyl ether
④	ethanol	diethyl ether	acetaldehyde
⑤	diethyl ether	ethanol	acetaldehyde
⑥	diethyl ether	acetaldehyde	ethanol

Q18 From the following statements ①-⑤ on salicylic acid, choose the one that is **not** correct. 　　　　　　　　　　　　　　　　　　　　　　　　　　**18**

salicylic acid

① It can be hydrolyzed.

② It is not positive to the silver mirror test.

③ It is not positive to the iodoform reaction.

④ It colorizes when aqueous iron(III) chloride ($FeCl_3$) is added.

⑤ It generates a gas when aqueous sodium hydrogencarbonate ($NaHCO_3$) is added.

Q19 Among the compounds **a-d** with the following molecular formulas, there are two with the same number of isomers. From ①-⑥ below choose the correct combination. 　**19**

a C_4H_{10}　　**b** C_4H_8　　**c** $C_2H_4Cl_2$　　**d** C_3H_5Cl

① **a, b**　　② **a, c**　　③ **a, d**　　④ **b, c**　　⑤ **b, d**　　⑥ **c, d**

Q20 From the combinations ①-⑤ of the molecular structure of the polymers and its use (or its property) in the table below, choose the one that is **not** correct. **20**

	Molecular structures	Uses or property
①	$\left[\begin{array}{c} \underset{\underset{H}{|}}{\overset{\overset{H}{|}}{C}} - \underset{\underset{H}{|}}{\overset{\overset{H}{|}}{C}} \end{array}\right]_n$	It is used as a packing material.
②	$\left[\begin{array}{c} \underset{O}{\overset{\parallel}{C}} - (CH_2)_4 - \underset{O}{\overset{\parallel}{C}} - \underset{}{\overset{H}{\underset{|}{N}}} - (CH_2)_6 - \overset{H}{\underset{|}{N}} \end{array}\right]_n$	It is used for clothing.
③	$\left[\begin{array}{c} \underset{O}{\overset{\parallel}{C}} - \bigcirc - \underset{O}{\overset{\parallel}{C}} - O - (CH_2)_2 - O \end{array}\right]_n$	It is used for bottles of beverages.
④	$\left[\begin{array}{c} CH_2 \quad\quad CH_2 \\ \backslash C = C / \\ CH_3 \quad\quad H \end{array}\right]_n$	It is used as a natural fiber in clothing.
⑤	$--CH_2 \underset{}{\bigcirc}^{OH} CH_2 \underset{}{\bigcirc}^{OH} CH_2 --$ (phenol resin network with OH, HO, and CH_2 linkages)	It is hardly combustible and is a good electrical insulator.

End of Chemistry questions. Leave the answer spaces **21** ∼ **75** blank.

Please check once more that you have properly marked the name of your subject as "Chemistry" on your answer sheet.

Do not take this question booklet out of the room.

Biology

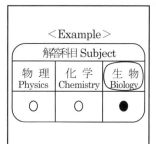
Q1 From ①–④ below choose the statement that correctly describes cell membranes. ⟨1⟩

① Cell membranes are made up of a single layer of phospholipids.

② Cell membranes do not contain proteins.

③ The substances that enter cells by passing through the cell membrane are only small molecules, such as O_2 and CO_2.

④ Cell membranes can take in large substances through invagination.

Q2 The following figure schematically represents a mitochondrion of a eukaryotic cell and its surroundings. Where does the respiration reaction that uses oxygen take place? Referring to the figure, from ①－④ below choose the correct answer.

$\boxed{2}$

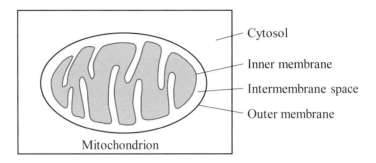

① cytosol   ② inner membrane   ③ intermembrane space   ④ outer membrane

Q3   The following figure schematically represents photosynthesis reactions in a chloroplast. From ①－⑥

below choose the combination that correctly identifies substances A – C in the figure. | **3** |

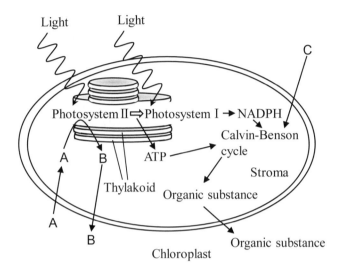

	A	B	C
①	$C_6H_{12}O_6$	CO_2	O_2
②	$C_6H_{12}O_6$	CO_2	NH_4^+
③	$C_6H_{12}O_6$	O_2	CO_2
④	H_2O	O_2	CO_2
⑤	H_2O	N_2	NH_4^+
⑥	H_2O	N_2	O_2

Q4 Answer questions (1) and (2) below concerning nucleotide chains.

(1) In the two strands of DNA, if a portion of the base sequence of one of the nucleotide chains is ACTGCAG, what is the base sequence of the corresponding portion of the other nucleotide chain? From ①－⑦ below choose the correct answer. | **4** |

① UGACGUC   ② AGUCGAC   ③ TCUCGTC   ④ ACTGCAG

⑤ AGAGGTG   ⑥ TGACGTC   ⑦ TGAGCAG

(2) Of the two strands of DNA, if a portion of the base sequence of the nucleotide chain serving as the template is ACTGCAG, what is the base sequence of the corresponding portion of the RNA transcribed from the template? From ①－⑥ below choose the correct answer. | **5** |

① UGACGUC   ② AGUCGAC   ③ ACTGCAG   ④ UGACGTG

⑤ UGACGTC   ⑥ TGACGTC

Q5 From ①－④ below choose the statement in the following a－d that does **not** correctly describe the polymerase chain reaction (PCR). | **6** |

a PCR is a method for amplifying a small amount of DNA into a large amount.

b PCR requires thermostable DNA polymerase.

c PCR requires a short single-stranded DNA that binds with a specific sequence of the target DNA.

d PCR requires DNA helicase.

① a   ② b   ③ c   ④ d

Q6 The following figure schematically represents a cell during a certain phase of meiosis in an organism whose chromosomal makeup is $2n = 4$. Which phase of meiosis is shown in the figure? From ①–⑥ below choose the correct answer. | **7** |

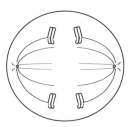

① metaphase I   ② anaphase I   ③ telophase I   ④ metaphase II

⑤ anaphase II   ⑥ telophase II

Q7 The following paragraph describes the development of frog. From ① – ⑥ below choose the combination of terms that correctly fills blanks | a | – | c | in the paragraph. | **8** |

The frog egg is called | a | in reference to how the yolk is distributed. When a sperm penetrates the egg, a | b | forms on the opposite surface of the egg. The side on which the | b | forms eventually becomes the back side. The fertilized egg repeatedly undergoes cleavage, increasing the number of cells and developing into a blastula. After the blastula stage, invagination occurs, resulting in formation of the | c |.

	a	b	c
①	a telolecithal egg	blastocoel	gray crescent
②	a telolecithal egg	blastopore	blastocoel
③	a telolecithal egg	gray crescent	blastopore
④	an isolecithal egg	blastocoel	gray crescent
⑤	an isolecithal egg	blastopore	blastocoel
⑥	an isolecithal egg	gray crescent	blastopore

Q8 The cellular elements of blood (erythrocytes, leukocytes, and platelets) in a healthy human are arranged in the order of their number per 1 mm^3 of blood, from highest to lowest, represented as: A > B > C. From ①–⑥ below choose the combination that correctly identifies A, B, and C. | 9 |

	A	B	C
①	erythrocytes	leukocytes	platelets
②	erythrocytes	platelets	leukocytes
③	leukocytes	erythrocytes	platelets
④	leukocytes	platelets	erythrocytes
⑤	platelets	erythrocytes	leukocytes
⑥	platelets	leukocytes	erythrocytes

Q9 Various hormones are involved in the regulation of blood glucose level in humans. Do the hormones glucagon, insulin, and glucocorticoid each raise the blood glucose level (represented by +), or lower the blood glucose level (represented by –)? From ①–⑧ below choose the correct combination. | 10 |

	Glucagon	Insulin	Glucocorticoid
①	+	+	+
②	+	+	–
③	+	–	+
④	+	–	–
⑤	–	+	+
⑥	–	+	–
⑦	–	–	+
⑧	–	–	–

Q10 Among the following items a – d, which cells are involved in natural (innate) immunity? From ①– ⑥ below choose the correct combination. **11**

     a   macrophages

     b   T cells

     c   B cells

     d   natural killer cells

     ① a, b   ② a, c   ③ a, d   ④ b, c   ⑤ b, d   ⑥ c, d

Q11 The following paragraphs describe the application of immunity. From ① – ⑥ below choose the combination of terms that correctly fills blanks | a | and | b | in the paragraph. **12**

     In medical care, there are notable uses of mechanisms of immunity in disease prevention and therapy.

     For example, injection with dead or attenuated pathogens, etc. can effectively prevent infection with that pathogen. The substances used in such applications are called | a |.

     Also, serotherapy can be used to alleviate the effects of venomous snake bites, etc. by injecting the patient with a serum that contains antibodies to the snake venom. This serum is prepared in advance by injecting a different animal with the snake venom. The antibody contained in such a serum is a protein called | b |.

	a	b
①	allergens	albumin
②	allergens	fibrin
③	allergens	immunoglobulin
④	vaccines	albumin
⑤	vaccines	fibrin
⑥	vaccines	immunoglobulin

Q12 The following table lists major receptors in humans and their adequate stimuli. From ①－⑥ below

choose the correct combination. `13`

	Receptor	Adequate stimulus
①	cochlea of the ear (Corti's organ)	incline of the body
②	olfactory epithelium of the nose	chemical substances in the air
③	semicircular canal of the ear	sound
④	retina of the eye	pressure
⑤	vestibule of the ear	rotation of the body
⑥	taste buds of the tongue	low temperatures

Q13 The following statements a–d describe excitation of a neuron in response to a stimulus, and the resulting

action potential. From ①－⑥ below choose the combination that indicates the statements in a–d that

are correct. `14`

a   The size of an action potential is constant, regardless of the intensity of any stimulus exceeding the

threshold value.

b   The frequency of an action potential is constant, regardless of the intensity of any stimulus

exceeding the threshold value.

c   Since action potentials follow the all-or-none law, all neurons have the same threshold value.

d   When a stimulus exceeding the threshold value is applied to the middle of an axon, the action

potential will be conducted in both directions of this axon from the site stimulated.

① a, b   ② a, c   ③ a, d   ④ b, c   ⑤ b, d   ⑥ c, d

Q14 The following paragraph describes the role of plant hormones in germination in seed plants. From ①– ⑥ below choose the combination of terms that correctly fills blanks a and b in the paragraph.

As seeds mature, a accumulates in them. The a causes the seeds to remain dormant. When certain types of seeds are exposed to a stimulus such as light or a period of low temperature, the amount of a decreases and the amount of b increases resulting in the end of dormancy, and the seeds germinate.

	a	b
①	gibberellin	auxin
②	gibberellin	abscisic acid
③	abscisic acid	auxin
④	abscisic acid	gibberellin
⑤	auxin	gibberellin
⑥	auxin	abscisic acid

Q15 The following figure schematically represents the nitrogen cycle in an ecosystem. Answer questions (1) below and (2) on the following page.

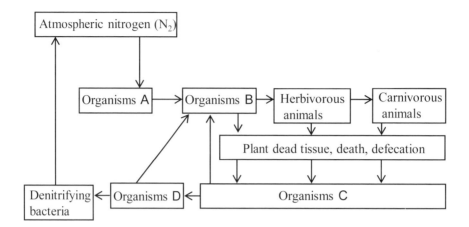

(1) Organisms A in the figure produce a certain substance using atmospheric nitrogen. From ① – ⑥ below choose the combination that correctly identifies organisms A and the substance produced. **16**

	A	Substance produced
①	root nodule bacteria	ammonium ions (NH_4^+)
②	root nodule bacteria	nitrite ions (NO_2^-)
③	root nodule bacteria	nitrate ions (NO_3^-)
④	nitrate-forming bacteria	ammonium ions (NH_4^+)
⑤	nitrate-forming bacteria	nitrite ions (NO_2^-)
⑥	nitrate-forming bacteria	nitrate ions (NO_3^-)

(2) From ①–⑥ below choose the combination that correctly identifies organisms B, C, and D in the

figure. $\boxed{\textbf{17}}$

	B	C	D
①	bacteria, fungi	plants	nitrifying bacteria
②	bacteria, fungi	nitrifying bacteria	plants
③	nitrifying bacteria	plants	bacteria, fungi
④	nitrifying bacteria	bacteria, fungi	plants
⑤	plants	bacteria, fungi	nitrifying bacteria
⑥	plants	nitrifying bacteria	bacteria, fungi

Q16 The following figure shows the process of how vegetation in a certain place changes over time. From

①–④ below choose the best combination of terms that fills blanks A–C in the figure. $\boxed{\textbf{18}}$

Bare rock → wasteland populated with $\boxed{\text{A}}$, etc. → grassland populated with eulalia, etc. →

scrub forest → $\boxed{\text{B}}$ → $\boxed{\text{C}}$

	A	B	C
①	pteridophytes	shade tree forest	sun tree forest
②	pteridophytes	sun tree forest	shade tree forest
③	lichens, bryophytes	shade tree forest	sun tree forest
④	lichens, bryophytes	sun tree forest	shade tree forest

End of Biology questions. Leave the answer spaces **19** ∼ **75** blank.

Please check once more that you have properly marked the name of your subject as "Biology" on your answer sheet.

Do not take this question booklet out of the room.

2022 Examination for Japanese University Admission for International Students

Japan and the World

(80 min.)

I Rules of Examination

1. Do not leave the room without the proctor's permission.

2. Do not take this question booklet out of the room.

II Rules and Information Concerning the Question Booklet

1. Do not open this question booklet until instructed.

2. After instruction, write your name and examination registration number in the space provided below, as printed on your examination voucher.

3. This question booklet has 24 pages.

4. If your question booklet is missing any pages, raise your hand.

5. You may write notes and calculations in the question booklet.

III Rules and Information Concerning the Answer Sheet

1. You must mark your answers on the answer sheet with an HB pencil.

2. Each question is identified by one of the row numbers $\boxed{1}$, $\boxed{2}$, $\boxed{3}$, ⋯.
    Follow the instruction in the question and completely fill in your answer in the corresponding row of the answer sheet (mark-sheet).

3. Make sure also to read the instructions on the answer sheet.

※ Once you are instructed to start the examination, fill in your examination registration number and name.

Examination registration number		*			*					
Name										

Q1 Read the following paragraphs and answer questions (1)–(4) below.

The land currently occupied by the ₁State of Texas in the USA was once controlled by ₂Spain for many years. When Mexico gained independence from Spain in 1821, Texas became Mexican territory. Afterwards, more and more settlers moved into Texas from the USA, and a group made up mainly of settlers launched a rebellion against the Mexican government. This led to the formation of the Republic of Texas as an independent state in 1836. In 1845, the Republic of Texas was annexed by the USA and became the State of Texas.

In terms of ₃politics, the Democratic Party dominated in Texas until the middle of the 20th century, but the Republican Party has dominated since the late 20th century.

In economic terms, cotton growing and livestock farming flourished historically in the region. The development of oil fields promoted the dramatic expansion of the energy industry in the 20th century. As of 2020, ₄the production of crude oil in the State of Texas accounted for roughly 40% of the total production in the USA.

(1) With reference to underlined item **1**, from ①–④ on the map below choose the answer that correctly indicates the location of the State of Texas. ☐**1**

(2) With reference to underlined item **2**, from ①-④ below choose the statement that best describes the history of Spain from the 19th century. **2**

    ① The Spanish government fell apart in the March Revolution, which was influenced by the February Revolution in Paris.

    ② A civil war broke out in Spain as a result of a military uprising against the Popular Front government.

    ③ Having been defeated by the USA, Spain lost all its overseas colonies.

    ④ The Spanish royal court went into exile in Brazil in response to Napoleon Bonaparte's invasion of Spain.

(3) With reference to underlined item **3**, from ①-④ below choose the statement that best describes the USA's current political system. **3**

    ① The President is elected directly by the people.

    ② The President has the power to submit bills to US Congress.

    ③ The US Senate has the power to approve treaties.

    ④ The US House of Representatives is formed of two representatives from each state.

⑷ With reference to underlined item **4**, the following figure shows the annual crude oil production of the USA, Canada, Iraq, and Saudi Arabia from 1970 to 2018. From ①-④ below choose the combination that correctly identifies countries A-D in the figure. ┃**4**┃

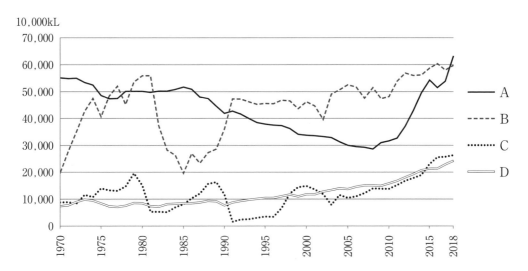

Source: *Suuji de Miru Nihon no Hyakunen*, 7th ed.

	A	B	C	D
①	Saudi Arabia	USA	Iraq	Canada
②	Saudi Arabia	USA	Canada	Iraq
③	USA	Saudi Arabia	Iraq	Canada
④	USA	Saudi Arabia	Canada	Iraq

Q2 Read the following paragraphs and answer questions (1)–(4) below.

David Lloyd George, who once served as the Prime Minister of the UK, was born in Manchester in 1863. After losing his father at a young age, he was raised in Wales, the homeland of both his parents. His religious affiliation was with a non-Anglican branch of ₁Protestantism. He ran in a by-election as a Liberal Party candidate in 1890 and won election to Parliament.

Lloyd George was appointed Prime Minister in 1916 after the cabinet of Herbert Henry Asquith resigned en masse. For his cabinet, Lloyd George formed a national-unity government that included ₂Arthur James Balfour, a Conservative Party member who had formerly served as Prime Minister, as his Secretary of State for Foreign Affairs.

The Lloyd George government contributed to the formation of the post-World War I world order, with Lloyd George himself attending the ₃Paris Peace Conference. In 1922, the cabinet resigned en masse following the Conservative Party's decision to leave the coalition government. After stepping down, Lloyd George remained active as a Member of Parliament. ₄In the 1929 general election, Lloyd George, then leader of the Liberal Party, called for bold economic measures, which were supported by John Maynard Keynes. Lloyd George was a legislator for 55 years until 1945, when he died.

(1) With reference to underlined item **1**, from ①–④ below choose the answer that best indicates a country where Protestants outnumber Catholics. **5**

① Spain
② Belgium
③ Poland
④ Denmark

(2) With reference to underlined item **2**, in 1917 Balfour expressed the British government's position concerning a certain region in a letter that came to be called the Balfour Declaration. From ①-④ on the map below choose the answer that best indicates the region referred to in the Balfour Declaration, and which subsequently became the site of frequent regional conflicts. **6**

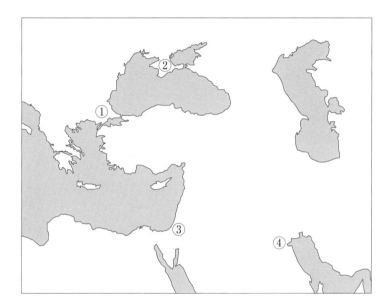

(3) With reference to underlined item **3**, the Paris Peace Conference included discussion of the establishment of the League of Nations. From ①-④ below choose the statement that best describes the League of Nations. **7**

① The USA, which played a leading role in the peace conference, became a permanent member of the League's Council.

② Decisions by the League's Council had to be unanimous.

③ The League provided for military sanctions to be taken against countries that invaded other countries.

④ The International Bank for Reconstruction and Development (IBRD) was established as the League's organ for economic reconstruction.

(4) With reference to underlined item **4**, what policy did the Liberal Party call for during the election campaign? From ①-④ below choose the best answer.　**8**

① improvement of employment conditions through public works projects

② protection of core industries through nationalization

③ promotion of free trade through the elimination of tariffs

④ inflow of foreign capital through deregulation

Q3 From ①-④ below choose the graph that best represents the demand curve (*D*) and the supply curve (*S*) for a good whose quantity of production is 100. | **9** |

A

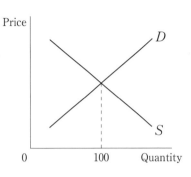

B

C

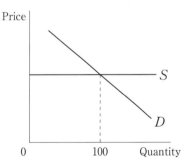

D

① A

② B

③ C

④ D

Q4 From ①-④ below choose the statement that best describes the system of national accounts. **10**

① The national income distributed is the sum of the national income produced and the national income expended.

② The gross domestic product (GDP) is the sum of consumption and investment.

③ By definition, net national product (NNP) equals national income (NI).

④ By definition, gross national income (GNI) equals gross national expenditure (GNE).

Q5 Business combinations and monopolies occur in several forms. From ①-④ below choose the statement that best describes a cartel. **11**

① It is a pyramid-shaped style of corporate control whereby companies operating in different industries are placed under the control of a holding company.

② It is a loose form of collaboration where companies operating in different industries engage in technology partnerships, personnel exchanges, and similar activities.

③ It is a company formed by the merger of companies operating in the same industry that are in a competitive relationship.

④ It is an agreement on production volume, selling price, sales channels, etc. made among companies operating in the same industry that are in a competitive relationship.

Q6 From ①-④ below choose the statement that best describes government bonds.

| 12 |

① As government bonds are sold in the market in a larger volume, more loanable funds are available.

② Government bonds are redeemed by the generation still working, thus preserving fairness between different generations.

③ When the central bank directly purchases government bonds, severe deflation results.

④ When the weight of national debt service in government expenditures increases, the resource-allocation function of public finance weakens.

Q7 Indexes of business conditions can be divided into three types: leading composite indexes, which precede changes in business conditions; coincident composite indexes, which coincide with changes in business conditions; and lagging composite indexes, which lag behind changes in business conditions. From ①-④ below choose the answer that best represents an example of a lagging composite index.

| 13 |

① operating profits

② corporation-tax revenue

③ consumer-confidence index

④ index of producer's shipment of durable consumer goods

Q8 From ①-④ below choose the statement that best describes Japan's public-pension system. ☐14

    ① It is operated as a de facto pay-as-you-go system.

    ② It is operated by municipalities.

    ③ It is operated relying for revenue solely on insurance premiums.

    ④ It is operated based on voluntary participation.

Q9 Let us suppose that the US dollar interest rate rises, resulting in a wider interest rate differential with the Japanese yen. From ①-④ below choose the statement that best describes an impact of this widening gap, assuming that all other conditions remain the same. ☐15

    ① The yen would become stronger, and this would inhibit exports from Japan to the USA.

    ② The yen would become stronger, and this would stimulate exports from Japan to the USA.

    ③ The yen would become weaker, and this would inhibit exports from Japan to the USA.

    ④ The yen would become weaker, and this would stimulate exports from Japan to the USA.

Q10 From ①-④ below choose the statement that best describes the gold standard.

| 16 |

① The USA became the first country to adopt the gold standard in the 19th century, and other countries subsequently adopted it.

② Under the gold standard, paper money circulated which could be redeemed in gold on demand.

③ Japan became able to implement flexible measures against the Great Depression after returning to the gold standard during the depression.

④ Under the gold standard, each country was required to keep below a certain level of foreign-exchange reserves.

Q11 From ①-④ below choose the statement that best describes the European Union (EU).

| 17 |

① The founding treaty of the EU is the Treaty of Paris.

② Freedom of trade and capital movement among EU members is guaranteed.

③ Each country that has adopted the euro can implement its own monetary policy.

④ Countries that have adopted the euro are prohibited from issuing government bonds to cover a budget deficit.

Q12   The following table lists the gross domestic product (GDP) per capita of the G7 countries in 2020. From ①-④ below choose the combination that correctly identifies countries A-D in the table.   **18**

US$

Country	GDP per capita
A	63,123
B	45,909
Canada	43,560
UK	40,718
C	39,990
France	38,959
D	31,238

Source: *Sekai Kokusei-zue 2022/23*

	A	B	C	D
①	Germany	USA	Italy	Japan
②	Germany	USA	Japan	Italy
③	USA	Germany	Italy	Japan
④	USA	Germany	Japan	Italy

Q13 The following figure shows the amount of power generated by renewable energy and its ratio (%) to the total in each of five countries in 2019: Japan, the USA, Germany, France, and Norway. From ①-④ below choose the answer that correctly identifies Japan in the figure. Here, renewable energy refers to hydro, geothermal, solar, wind, wave, tidal, biofuel, and combustible-waste energy. **19**

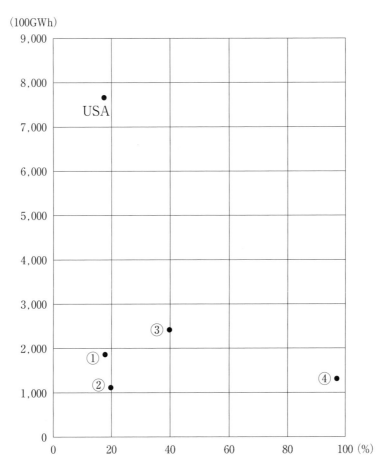

Source: *Sekai Kokusei-zue 2022/23*

Q14　The following figure shows the percentage of area represented by each climate group of the Köppen climate classification system for five continents: Eurasia, Africa, North America, South America, and Australia. From ①-④ below choose the answer that represents South America.　20

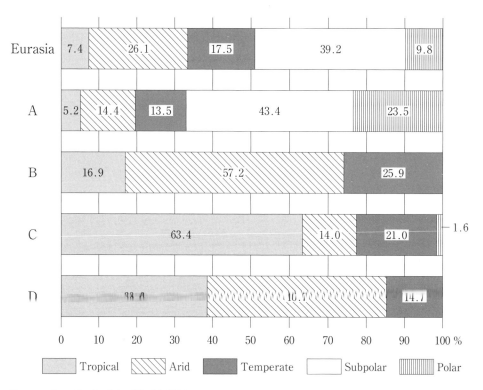

Source: *Data Book of the World 2022*

①　A

②　B

③　C

④　D

Q15 The standard time for Tokyo is based on longitude 135° east. The standard time for Los Angeles is based on longitude 120° west. From ①-④ below choose the statement that correctly describes the time difference between these two cities, ignoring periods when daylight saving time is in effect. **21**

① The time in Tokyo is 7 hours ahead of the time in Los Angeles.

② The time in Tokyo is 7 hours behind the time in Los Angeles.

③ The time in Tokyo is 17 hours ahead of the time in Los Angeles.

④ The time in Tokyo is 17 hours behind the time in Los Angeles.

Q16 From ①-④ below choose the answer that correctly arranges Sweden, India, and Australia from left to right according to their land area, from largest to smallest. **22**

① India, Sweden, Australia

② India, Australia, Sweden

③ Australia, India, Sweden

④ Australia, Sweden, India

Q17 From ①-④ below choose the answer that best indicates a language classified as a Celtic language. **23**

① Welsh

② German

③ Greek

④ Catalan

Q18 The following figures show the world's top five producers of beef, pork, chicken, and lamb and mutton in 2020, and their ratios (%) to the world total. From ①–④ below choose the combination that correctly identifies the livestock products represented by A–D. **24**

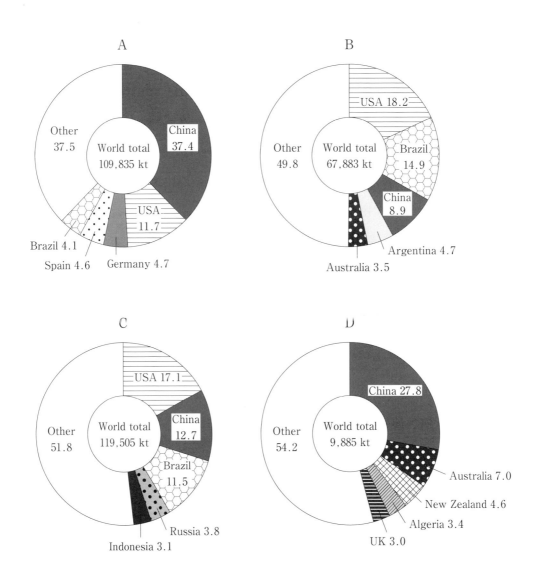

Source: *Sekai Kokusei-zue 2022/23*

	A	B	C	D
①	pork	beef	chicken	lamb and mutton
②	pork	beef	lamb and mutton	chicken
③	beef	pork	chicken	lamb and mutton
④	beef	pork	lamb and mutton	chicken

Q19　From ①-④ below choose the statement that best describes the political thought advocated by French philosopher Alexis de Tocqueville.　**25**

① He held that sovereignty is exercised based on the general will, which aims at achieving the public interest.

② He argued for the divine right of kings, which holds that the authority of kings was granted by God.

③ He pointed out that a weakness of democracy is that it has the risk of turning into a tyranny of the majority.

④ He argued for the concept of rule by law, which holds that individual freedoms can be arbitrarily restricted as long as such restrictions are based on laws.

Q20　From ①-④ below choose the statement that best describes the relationships among Japan's Diet, Cabinet, and courts.　**26**

① The Diet has the power to approve ministers of state designated by the Prime Minister.

② The Cabinet has the power to decide to dissolve one house of the Diet, the House of Councillors.

③ The Cabinet has the power to take disciplinary action against judges involved in crimes.

④ The courts have the power to judge the constitutionality of laws enacted by the Diet.

Q21 From ①-④ below choose the statement that best describes Japan's lay-judge system. $\boxed{\textbf{27}}$

① The lay-judge system is limited to trials in which serious cases such as murder are brought before the court of first instance.

② Verdicts in lay-judge trials have to be unanimous.

③ People with the right to vote can serve as lay judges by offering themselves as candidates.

④ Lay judges can only judge whether the defendant is guilty or not guilty; they are not involved in sentencing.

Q22 The following sentence is from Article 27 of the Constitution of Japan. From ①-④ below choose the term that correctly fills blank $\boxed{\text{a}}$ in the following statement. $\boxed{\textbf{28}}$

All people shall have the right and the obligation to $\boxed{\text{a}}$.

① vote

② work

③ marry

④ vacation

Q23 From ①-④ below choose the statement that best describes the historical development of fundamental human rights. `29`

① The world's first constitution to include provisions guaranteeing social rights was Germany's Weimar Constitution.

② All American citizens over the age of 20 were granted the right to vote by the Emancipation Proclamation.

③ The International Court of Justice was established following World War II as an international institution for redressing human rights.

④ The Universal Declaration of Human Rights called on each country to guarantee fundamental human rights through a separation of state powers that would provide a system of checks and balances.

Q24 There are various rights that people say should now be guaranteed in order to deal with issues that were unforeseen at the time that the Constitution of Japan was enacted. From ①-④ below choose the answer that best indicates such a right not clearly prescribed by the Constitution of Japan. `30`

① right to silence

② right to environmental quality

③ right to academic freedom

④ right to receive an education

Q25 From ①-④ below choose the statement that best describes national elections in Japan. ☐31

① It is necessary to be nominated by at least 100 people in order to run in an election.

② The national government covers all expenses of election campaigns.

③ The right to vote is given to Japanese citizens aged 18 and older.

④ Electronic voting via the Internet is used.

Q26 From ①-④ below choose the statement that best describes the system of local autonomy in Japan. ☐32

① The establishment of ordinances by local assemblies requires approval by the Diet.

② The results of referendums held because of referendum ordinances are legally binding.

③ Temporary foreign residents are permitted to participate in local elections wherever they live.

④ Eligible voters have the right of direct petition to demand the dismissal of the local head of government or the dissolution of the local assembly.

Q27 Read the following sentence and from ①-④ below choose the answer that best fills blank ☐ a ☐ in the sentence. **33**

In 2014, the Japanese government reversed its established position and adopted a cabinet decision that enabled Japan to ☐ a ☐ in a limited manner.

① engage in humanitarian interventions in regions of conflict

② exercise the right of collective self-defense

③ conclude military alliances

④ participate in UN peacekeeping operations

Q28 Items A-D below are events that took place in France toward the end of the 18th century. From ①-④ below choose the answer that correctly arranges these events in chronological order. **34**

A : execution of Maximilien Robespierre

B : establishment of the National Convention

C : storming of the Bastille

D : Coup of 18 Brumaire

① C → A → D → B

② C → B → A → D

③ D → B → C → A

④ D → C → A → B

Q29 From ①-④ below choose the answer that correctly indicates the three countries that demanded Japan return the Liaodong Peninsula to the Qing dynasty in the so-called Triple Intervention after the First Sino-Japanese War.

35

① Russia, France, Germany

② Germany, USA, Russia

③ Russia, France, UK

④ France, USA, Germany

Q30 In the early 20th century, a number of British colonies became autonomous dominions. From ①-④ below choose the answer that does **not** accurately represent a country that became such a dominion during that era. **36**

① India

② New Zealand

③ Australia

④ South Africa

Q31 From ①-④ below choose the statement that best describes the Washington Naval Conference, which was held from 1921 to 1922. **37**

① It was multilaterally agreed to renounce recourse to war as a solution for international conflicts.

② Restrictions were placed on Germany's possession of warships, including a prohibition against its possession of submarines.

③ The Anglo-Japanese Alliance was renewed, and Japan's interests on the Korean Peninsula were confirmed.

④ The participants signed the Four-Power Treaty, which negotiated the maintenance of the status quo throughout the Pacific region.

Q32 Read the following paragraph and from ①-④ below choose the city that best fills blank ⌐a⌐ in the paragraph.   **38**

In June 1948, the USA, the UK, and France put into circulation a new currency in the areas of ⌐a⌐ that were under their control. The USSR responded by shutting off their access to those areas over land and water. The three countries resisted this blockade by airlifting necessary supplies to the areas.

① Bonn

② Cologne

③ Berlin

④ Frankfurt

The end of the questions for Japan and the World. Leave answer spaces **39** — **60** blank.

Do not take this question booklet out of the room.

Mathematics (80 min.)

【Course 1 (Basic), Course 2 (Advanced)】

※ Choose <u>one</u> of these courses and answer its questions only.

I Rules of Examination

1. Do not leave the room without proctor's permission.
2. Do not take this question booklet out of the room.

II Instructions for the Question Booklet

1. Do not open this question booklet until instructed.
2. After being instructed, write your name and examination registration number in space provided below, as printed on your examination voucher.
3. Course 1 is on pages 1–13, and Course 2 is on pages 15–27.
4. If your question booklet is missing any pages, raise your hand.
5. You may write notes and calculations in the question booklet.

III Instructions for how to answer the questions

1. You must mark your answers on the answer sheet with an HB pencil.
2. Each letter **A**, **B**, **C**, ⋯ in the questions represents a numeral (from 0 to 9) or the minus sign($-$). When you mark your answers, fill in the oval completely for each letter in the corresponding row of the answer sheet (mark-sheet).
3. Sometimes an answer such as $\boxed{A}$ or $\boxed{BC}$ is used later in the question. In such a case, the symbol is shaded when it is used later, as $\boxed{A}$ or $\boxed{BC}$.

   Note the following :

   (1) Reduce square roots ($\sqrt{}$) as much as possible.
   (Example: Express $\sqrt{32}$ as $4\sqrt{2}$, not as $2\sqrt{8}$ or $\sqrt{32}$.)

   (2) For fractions, attach the minus sign to the numerator, and reduce the fraction to its lowest terms.

   (Example: Substitute $\frac{1}{3}$ for $\frac{2}{6}$. Also simplify as follows:
   $-\frac{2}{\sqrt{6}} = \frac{-2\sqrt{6}}{6} = \frac{-\sqrt{6}}{3}$. Then apply $\frac{-\sqrt{6}}{3}$ to the answer.)

   (3) If your answer to $\dfrac{\boxed{A}\sqrt{\boxed{B}}}{\boxed{C}}$ is $\dfrac{-\sqrt{3}}{4}$, mark as shown below.

   (4) If the answer to $\boxed{DE}\,x$ is $-x$, mark "$-$" for **D** and "1" for **E** as shown below.

A	●	⓪	①	②	③	④	⑤	⑥	⑦	⑧	⑨
B	⊖	⓪	①	②	③	●	④	⑤	⑥	⑦	⑧	⑨
C	⊖	⓪	①	②	③	●	⑤	⑥	⑦	⑧	⑨
D	●	⓪	①	②	③	④	⑤	⑥	⑦	⑧	⑨
E	⊖	⓪	●	②	③	④	⑤	⑥	⑦	⑧	⑨

4. Carefully read the instructions on the answer sheet, too.

※ Once you are instructed to start the examination, fill in your examination registration number and name.

Examination registration number		∗			∗					
Name										

Mathematics Course 1
(Basic Course)

(Course 2 begins on page 15)

Marking Your Choice of Course on the Answer Sheet

Choose to answer <u>either</u> Course 1 or Course 2.

If you choose Course 1, for example, circle the label "Course 1" and completely fill in the oval under the label on your answer sheet as shown in the example on the right.

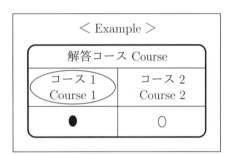

If you do not correctly fill in the appropriate oval, your answers will not be graded.

I

Q 1   Consider the quadratic function

$$y = ax^2 + bx + c \quad \cdots\cdots \quad \text{①}, \qquad \text{where } a \neq 0.$$

The graph C of this function intersects the straight line $y = 1$ at two points such that the distance between the two points is 4, and furthermore it intersects the straight line $y = 3$ at two points such that the distance between the two points is 6.

(1)   Let the coordinates of the vertex of C be (p, q). When we take one of the points of intersection of C and the straight line $y = 1$, and denote its x-coordinate by α, we see that

$$|\alpha - p| = \boxed{\textbf{A}}.$$

Hence, when the coordinates $(\alpha, 1)$ of the intersection are substituted in the quadratic function ① expressed using a, p and q, we have

$$\boxed{\textbf{B}}\, a + q = \boxed{\textbf{C}}.$$

Similarly, by considering the points of intersection of C and the straight line $y = 3$, we have the equation

$$\boxed{\textbf{D}}\, a + q = \boxed{\textbf{E}}.$$

Thus, from these two equations we obtain that

$$a = \frac{\boxed{\textbf{F}}}{\boxed{\textbf{G}}} \qquad \text{and} \qquad q = -\frac{\boxed{\textbf{H}}}{\boxed{\textbf{I}}}.$$

(2)   Furthermore, if C passes through the point $\left(2, -\dfrac{1}{5}\right)$ and the x-coordinate p of the vertex of C is less than 2, then we obtain that

$$b = -\frac{\boxed{\textbf{J}}}{\boxed{\textbf{K}}} \qquad \text{and} \qquad c = -\frac{\boxed{\textbf{L}}}{\boxed{\textbf{M}}}.$$

- memo -

Q 2   Let us define two integers, m and n, as being "connected" when

$$n \text{ is one of } m-1, m \text{ or } m+1.$$

Let us carry out the following trial, using one dice. First, the dice is thrown. For subsequent throws, if the number on the dice is connected with the number of the previous throw, we throw the dice again, but if it is not connected, the trial ends.

(1)   The probability that the trial will continue after the second throw is $\dfrac{\boxed{\text{N}}}{\boxed{\text{O}}}$.

(2)   The probability that the trial will end with the second throw is $\dfrac{\boxed{\text{P}}}{\boxed{\text{Q}}}$.

For $\boxed{\text{R}}$, $\boxed{\text{S}}$ and $\boxed{\text{T}}$ in the following sentences, choose the correct answer from among ⓪ ∼ ⑨ below.

(3)   The probability that the trial will continue after the third throw is $\boxed{\text{R}}$.

(4)   The probability that the trial will end with the second or third throw is $\boxed{\text{S}}$.

(5)   The probability that the trial will end with the third throw is $\boxed{\text{T}}$.

⓪ $\dfrac{12}{27}$ ① $\dfrac{16}{27}$ ② $\dfrac{11}{54}$ ③ $\dfrac{13}{54}$ ④ $\dfrac{19}{54}$

⑤ $\dfrac{37}{54}$ ⑥ $\dfrac{41}{54}$ ⑦ $\dfrac{43}{54}$ ⑧ $\dfrac{49}{108}$ ⑨ $\dfrac{71}{108}$

- memo -

This is the end of the questions for $\boxed{\text{I}}$. Leave the answer spaces $\boxed{\textbf{U}}$ $\sim$ $\boxed{\textbf{Z}}$ of $\boxed{\text{I}}$ blank.

Q 1 We have some blue cards with the numeral 3 written on them and some red cards with the numeral 2 written on them. The number of red cards is greater than the number of blue cards, and less than twice of the number of blue cards. The sum of the numerals written on all the cards is 70. We are to find the number of cards of each color.

Let x be the number of blue cards and y be the number of red cards. Then we have

$$x < y < \boxed{\ \textbf{A}\ } x,$$
$$\boxed{\ \textbf{B}\ } x + \boxed{\ \textbf{C}\ } y = 70.$$

Here, eliminating y from the two expressions, we have

$$\boxed{\ \textbf{D}\ } x < 70 < \boxed{\ \textbf{E}\ } x,$$

and hence we obtain

$$\boxed{\ \textbf{F G}\ } < x < \boxed{\ \textbf{H I}\ }.$$

Further, from the equality $\boxed{\ \textbf{B}\ } x + \boxed{\ \textbf{C}\ } y = 70$, we see that x is a multiple of $\boxed{\ \textbf{J}\ }$. Thus we obtain

$$x = \boxed{\ \textbf{K L}\ } \quad \text{and} \quad y = \boxed{\ \textbf{M N}\ }.$$

Therefore, there are $\boxed{\ \textbf{K L}\ }$ blue cards and $\boxed{\ \textbf{M N}\ }$ red cards.

- memo -

Q 2   The quadratic equation in x

$$x^2 + 2ax + 4a^2 - 10a + 7 = 0$$

has two different real solutions, α and β ($\alpha > \beta$). We are to find the value of the constant a such that $\alpha - \beta$ is an integer and a multiple of 2.

The range of the values of a such that this quadratic equation has two different real solutions is

$$\boxed{\text{O}} < a < \frac{\boxed{\text{P}}}{\boxed{\text{Q}}}.$$

We also see that

$$\alpha - \beta = \boxed{\text{R}} \sqrt{-\boxed{\text{S}}\, a^2 + 10a - \boxed{\text{T}}}.$$

When $\boxed{\text{O}} < a < \dfrac{\boxed{\text{P}}}{\boxed{\text{Q}}}$, the maximum value of

$$-\boxed{\text{S}}\, a^2 + 10a - \boxed{\text{T}}$$

is $\dfrac{\boxed{\text{U}}}{\boxed{\text{V}}}$.

Here, since $\alpha - \beta$ is a multiple of 2, we see that

$$-\boxed{\text{S}}\, a^2 + 10a - \boxed{\text{T}} = \boxed{\text{W}},$$

and hence we obtain that

$$a = \frac{\boxed{\text{X}}}{\boxed{\text{Y}}} \qquad \text{or} \qquad a = \boxed{\text{Z}}.$$

- memo -

This is the end of the questions for $\boxed{\text{II}}$.

Let S be the set of all positive integers that are not divisible by either 3 or 5.

(1)   When a positive integer a is divided by 15, let q be the quotient and r be the remainder. Then we have that

$$a = \boxed{\textbf{AB}}\, q + r, \qquad \text{where } \boxed{\textbf{C}} \leqq r \leqq \boxed{\textbf{DE}}.$$

In particular, if $a \in S$, then r may be any one of the numbers in $\boxed{\textbf{F}}$, which has $\boxed{\textbf{G}}$ numbers in it. (For $\boxed{\textbf{F}}$, choose the correct answer from among choices ⓪ ∼ ④ below.)

⓪ $0, 2, 4, 6, 8, 10, 12, 14$ ① $1, 3, 5, 7, 9, 11, 13$

② $0, 1, 2, 4, 7, 8, 11, 13, 14$ ③ $1, 2, 4, 7, 8, 11, 13, 14$

④ $1, 2, 4, 7, 8, 10, 11, 13, 14$

(2)   When the elements of S are arranged in ascending order, the 30th integer counting from the smallest is $\boxed{\textbf{HI}}$.

(3)   Let us find the number n of integers a that satisfy $a \in S$ and $a \leqq 50$. Since the number of a that satisfy $a \in S$ and $a \leqq 45$ is $\boxed{\textbf{JK}}$, we have $n = \boxed{\textbf{LM}}$.

(4)   We are to find a and b such that the remainder of $a + b$ divided by 15 is 2, a and b are elements of S, and $30 \leqq a < b \leqq 45$. We have

$$a = \boxed{\textbf{NO}} \quad \text{and} \quad b = \boxed{\textbf{PQ}}.$$

- memo -

This is the end of the questions for $\boxed{\text{III}}$. Leave the answer spaces $\boxed{\textbf{R}}$ ~ $\boxed{\textbf{Z}}$ of $\boxed{\text{III}}$ blank.

IV

Inside the rectangle ABCD, there is a semicircle O whose diameter is the side BC. P is the point that internally divides the side AB into $1:3$, and furthermore, the line segment DP touches the semicircle O at point T.

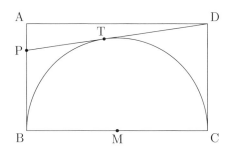

(1)　First, let us find the value of the ratio of the areas of triangle PBT and triangle DCT.

From the assumption, we see that PB $= \dfrac{\boxed{\text{A}}}{\boxed{\text{B}}}$ AB, and hence that PD $= \dfrac{\boxed{\text{C}}}{\boxed{\text{D}}}$ AB.

It can be seen that the ratio of the vertical length and the horizontal length of the rectangle is AB : BC $\boxed{\text{E}} : \sqrt{\boxed{\text{F}}}$. Also, when the midpoint of side BC is denoted by M, then we have that PB : MC $= \sqrt{\boxed{\text{G}}} : \boxed{\text{H}}$, and hence that

$$\text{BT} : \text{CT} = \sqrt{\boxed{\text{I}}} : \boxed{\text{J}}.$$

Thus, the value of the ratio of the areas of triangle PBT and triangle MCT and the value of the ratio of the areas of triangle MBT and triangle DCT are

$$\frac{\triangle\text{PBT}}{\triangle\text{MCT}} = \frac{\boxed{\text{K}}}{\boxed{\text{L}}} \quad \text{and} \quad \frac{\triangle\text{MBT}}{\triangle\text{DCT}} = \frac{\boxed{\text{M}}}{\boxed{\text{N}}}.$$

Therefore, the value of the ratio of the areas of triangle PBT and triangle DCT is

$$\frac{\triangle\text{PBT}}{\triangle\text{DCT}} = \frac{\boxed{\text{O}}}{\boxed{\text{PQ}}}.$$

($\boxed{\text{IV}}$ is continued on the next page.)

(2)   Next, let us find the value of $\cos \angle DCT$.

Set $\theta = \angle PBT$. Then, since

$$\tan \theta = \frac{\sqrt{\boxed{R}}}{\boxed{S}} \quad \text{and} \quad \cos \theta = \frac{\boxed{T}\sqrt{\boxed{U}}}{\boxed{V}},$$

we obtain

$$\cos \angle DCT = \frac{\sqrt{\boxed{WX}}}{\boxed{Y}}.$$

This is the end of the questions for $\boxed{IV}$. Leave the answer space $\boxed{Z}$ of $\boxed{IV}$ blank.

This is the end of the questions for Course 1. Leave the answer spaces for $\boxed{V}$ blank.

Please check once more that you have properly marked your course number as "Course 1" on your answer sheet.

Do not take this question booklet out of the room.

Mathematics Course 2
(Advanced Course)

Marking Your Choice of Course on the Answer Sheet

Choose to answer <u>either</u> Course 1 or Course 2.

If you choose Course 2, for example, circle the label "Course 2" and completely fill in the oval under the label on your answer sheet as shown in the example on the right.

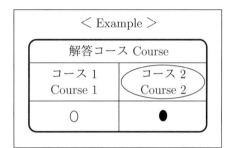

If you do not correctly fill in the appropriate oval, your answers will not be graded.

Q 1   Consider the quadratic function

$$y = ax^2 + bx + c \quad \cdots\cdots\cdots \text{①}, \qquad \text{where } a \neq 0.$$

The graph C of this function intersects the straight line $y = 1$ at two points such that the distance between the two points is 4, and furthermore it intersects the straight line $y = 3$ at two points such that the distance between the two points is 6.

(1)   Let the coordinates of the vertex of C be (p, q). When we take one of the points of intersection of C and the straight line $y = 1$, and denote its x-coordinate by α, we see that

$$|\alpha - p| = \boxed{\text{A}}.$$

Hence, when the coordinates $(\alpha, 1)$ of the intersection are substituted in the quadratic function ① expressed using a, p and q, we have

$$\boxed{\text{B}}\, a + q = \boxed{\text{C}}.$$

Similarly, by considering the points of intersection of C and the straight line $y = 3$, we have the equation

$$\boxed{\text{D}}\, a + q = \boxed{\text{E}}.$$

Thus, from these two equations we obtain that

$$a = \frac{\boxed{\text{F}}}{\boxed{\text{G}}} \qquad \text{and} \qquad q = -\frac{\boxed{\text{H}}}{\boxed{\text{I}}}.$$

(2)   Furthermore, if C passes through the point $\left(2, -\dfrac{1}{5}\right)$ and the x-coordinate p of the vertex of C is less than 2, then we obtain that

$$b = -\frac{\boxed{\text{J}}}{\boxed{\text{K}}} \qquad \text{and} \qquad c = -\frac{\boxed{\text{L}}}{\boxed{\text{M}}}.$$

- memo -

Q 2   Let us define two integers, m and n, as being "connected" when

$$n \text{ is one of } m-1, \ m \text{ or } m+1.$$

Let us carry out the following trial, using one dice. First, the dice is thrown. For subsequent throws, if the number on the dice is connected with the number of the previous throw, we throw the dice again, but if it is not connected, the trial ends.

(1)   The probability that the trial will continue after the second throw is $\dfrac{\boxed{\text{N}}}{\boxed{\text{O}}}$.

(2)   The probability that the trial will end with the second throw is $\dfrac{\boxed{\text{P}}}{\boxed{\text{Q}}}$.

For $\boxed{\text{R}}$, $\boxed{\text{S}}$ and $\boxed{\text{T}}$ in the following sentences, choose the correct answer from among ⓪ ~ ⑨ below.

(3)   The probability that the trial will continue after the third throw is $\boxed{\text{R}}$.

(4)   The probability that the trial will end with the second or third throw is $\boxed{\text{S}}$.

(5)   The probability that the trial will end with the third throw is $\boxed{\text{T}}$.

⓪ $\dfrac{12}{27}$ ① $\dfrac{16}{27}$ ② $\dfrac{11}{54}$ ③ $\dfrac{13}{54}$ ④ $\dfrac{19}{54}$

⑤ $\dfrac{37}{54}$ ⑥ $\dfrac{41}{54}$ ⑦ $\dfrac{43}{54}$ ⑧ $\dfrac{49}{108}$ ⑨ $\dfrac{71}{108}$

- memo -

II

Q 1   Consider the sequence $a_1, a_2, \cdots, a_n, \cdots$ such that the n-th term is given by

$$a_n = 4n^2 + 5n - 6.$$

For $\boxed{\text{D}}$, $\boxed{\text{E}}$, $\boxed{\text{H}}$, and $\boxed{\text{I}}$ in question (1), choose the correct answer from among $\textcircled{0} \sim \textcircled{9}$ at the end of the question, and for the other $\boxed{}$, enter the correct number.

(1)   We are to find the numbers n such that a_n is a multiple of 5. Also, we are to find the value of a_n in those cases. First, a_n can be factorized as

$$a_n = \left(n + \boxed{\text{A}}\right)\left(\boxed{\text{B}}\,n - \boxed{\text{C}}\right).$$

Hence, if a_n is a multiple of 5, then either $n + \boxed{\text{A}}$ or $\boxed{\text{B}}\,n - \boxed{\text{C}}$ is a multiple of 5.

(i)   In the case that $n + \boxed{\text{A}}$ is a multiple of 5, n can be expressed as

$$n = \boxed{\text{D}}, \text{ where } k \text{ is an integer.}$$

Then a_n can be expressed using k as

$$a_n = \boxed{\text{E}}.$$

(Q 1 is continued on the next page.)

(ii)   In the case that $\boxed{\text{ B }}\, n - \boxed{\text{ C }}$ is a multiple of 5, we have

$$\boxed{\text{ B }}\, n - \boxed{\text{ C }} = \boxed{\text{ F }}\, j, \text{ where } j \text{ is an integer.}$$

This equality can be transformed as

$$n + \boxed{\text{ G }} = \boxed{\text{ F }}\,(n - j).$$

Thus n can be expressed as

$$n = \boxed{\text{ H }}, \text{ where } k \text{ is an integer.}$$

From this using k we have

$$a_n = \boxed{\text{ I }}.$$

⓪ $5k - 1$ ① $5k - 2$ ② $5k - 3$ ③ $5k - 4$

④ $5(20k^2 - 9k)$ ⑤ $5(20k^2 - 11k)$ ⑥ $5(20k^2 - 13k)$

⑦ $5(20k^2 - 17k + 3)$ ⑧ $5(20k^2 - 18k + 3)$ ⑨ $5(20k^2 - 19k + 3)$

For $\boxed{\text{ L }}$ and $\boxed{\text{ M }}$ in question (2), choose the correct answer from among ⓪ ～ ⑦ after the question. For $\boxed{\text{ J }}$ and $\boxed{\text{ K }}$, enter the correct number.

(2)   Among the first 20 terms $a_1, a_2, \cdots, a_{20}$, the number of the terms which are multiples of 5 is $\boxed{\text{ J }}$. Also, the sum S of them is

$$S = \sum_{k=1}^{\boxed{\text{K}}} \boxed{\text{ L }} = \boxed{\text{ M }}.$$

⓪   4506   ①   4605   ②   4560   ③   4650

④ $5(40k^2 - 28k + 3)$ ⑤ $5(40k^2 - 33k + 2)$

⑥ $5(40k^2 - 30k + 3)$ ⑦ $5(40k^2 - 36k + 4)$

Q 2   Let α and β be two complex numbers satisfying

$$|\alpha| = \sqrt{10}, \quad 4(1+3i)\alpha - (7+i)\beta = 0.$$

Let O, A and B be the points on the complex plane representing 0, α and β respectively.

(1)   We see that $|\beta| = \boxed{\text{N}}\sqrt{\boxed{\text{O}}}$.

(2)   When we denote the argument of $\dfrac{\beta}{\alpha}$ by θ, we have that

$$\sin\theta = \frac{\boxed{\text{P}}\sqrt{\boxed{\text{Q}}}}{\boxed{\text{R}}}.$$

(3)   We have that the area of triangle OAB is $\boxed{\text{S}}$.

(4)   Let C be the point symmetric to A with respect to the straight line OB. Then, C is the point obtained by rotating A around the origin O by $\boxed{\text{T}}\theta$. Hence, when we denote the complex number representing C by γ, we have that

$$\gamma = \frac{-\boxed{\text{U}} + \boxed{\text{V}}\,i}{\boxed{\text{W}}}\,\alpha.$$

(5)   When we set $\varphi = \angle\text{OBA}$ $(0 < \varphi < \pi)$, we have that

$$\sin\varphi = \frac{\boxed{\text{X}}\sqrt{\boxed{\text{YZ}}}}{\boxed{\text{YZ}}}.$$

- memo -

III

Let us consider the function of x

$$y = \left(\log_4 a^3\right) \cdot (\log_4 x) \cdot (\log_4 ax) + \left(\log_4 b^3\right) \cdot \left(\log_4 \frac{x}{b}\right) \cdot (\log_4 x) + (\log_4 x)^3,$$

where a and b are positive constants. When this function takes the extremum m_1 at $x = \dfrac{1}{2}$ and the extremum m_2 at $x = 8$, we are to find the values of a, b and $|m_1 - m_2|$.

For $\boxed{\text{A}}$, $\boxed{\text{B}}$, $\boxed{\text{D}}$, $\boxed{\text{E}}$, $\boxed{\text{L}}$, $\boxed{\text{O}}$ in the following sentences, choose the correct answer from among $⓪$ ~ $⑨$ below, and for the other $\boxed{}$, enter the correct number.

Let us set $p = \log_4 a$, $q = \log_4 b$ and $t = \log_4 x$. Then, y can be expressed in terms of t as

$$y = t^3 + \boxed{\text{A}}\, t^2 + \boxed{\text{B}}\, t.$$

When the right side of the equation is denoted by $g(t)$, we have that

$$\frac{dy}{dt} = g'(t) = \boxed{\text{C}}\left\{ t^2 + \boxed{\text{D}}\, t + \boxed{\text{E}} \right\}.$$

Since by our assumption $y = g(t)$ takes extreme values at $t = -\dfrac{\boxed{\text{F}}}{\boxed{\text{G}}}$ and $t = \dfrac{\boxed{\text{H}}}{\boxed{\text{I}}}$, we have that

$$\frac{\boxed{\text{J}}}{\boxed{\text{K}}} - \boxed{\text{L}} + \boxed{\text{E}} = 0 \quad \text{and} \quad \frac{\boxed{\text{M}}}{\boxed{\text{N}}} + \boxed{\text{O}} + \boxed{\text{E}} = 0.$$

By solving these, we have that $p = \dfrac{\boxed{\text{P}}}{\boxed{\text{Q}}}$ and $q = \boxed{\text{RS}}$. Hence we obtain that

$$a = \boxed{\text{T}}, \quad b = \frac{\boxed{\text{U}}}{\boxed{\text{V}}} \quad \text{and} \quad |m_1 - m_2| = \boxed{\text{W}}.$$

$⓪$ $(p - q)$ $①$ $2(p - q)$ $②$ $3(p - q)$ $③$ $(p^2 - q^2)$ $④$ $3(p^2 - q^2)$

$⑤$ $(p + q)$ $⑥$ $2(p + q)$ $⑦$ $3(p + q)$ $⑧$ $(p^2 + q^2)$ $⑨$ $3(p^2 + q^2)$

- memo -

This is the end of the questions for III . Leave the answer spaces X ~ Z of III blank.

−273−

IV

We are to find the range of the values of a such that exactly three tangents passing through the point $(1, a)$ can be drawn to the curve $y = \dfrac{x-2}{x^2}$.

The equation of a straight line which is tangent at a point $\left(t, \dfrac{t-2}{t^2}\right)$ on the curve is

$$y = -\frac{t - \boxed{\text{A}}}{t^3}\, x + \frac{\boxed{\text{B}}\, t - \boxed{\text{C}}}{t^2}.$$

When this tangent passes through the point $(1, a)$, we have that

$$a = \frac{\boxed{\text{D}}\, t^2 - \boxed{\text{E}}\, t + \boxed{\text{F}}}{t^3}. \qquad \cdots\cdots\cdots \text{①}$$

In order to draw three tangents, it is sufficient for the equation ① in t to have three different real solutions.

So, let us set

$$f(t) = \frac{\boxed{\text{D}}\, t^2 - \boxed{\text{E}}\, t + \boxed{\text{F}}}{t^3}$$

and check how $f(t)$ increases and decreases.

For each of $\boxed{\text{J}}$, $\boxed{\text{L}}$, $\boxed{\text{N}}$, $\boxed{\text{O}}$, $\boxed{\text{P}}$, $\boxed{\text{Q}}$ and $\boxed{\text{R}}$ in the following sentences, choose the correct answer from among ⓪ ~ ⑤ on the next page, and for the other $\boxed{}$, enter the correct number.

When $f(t)$ is differentiated, we have

$$f'(t) = -\frac{2\left(t - \boxed{\text{G}}\right)\left(t - \boxed{\text{H}}\right)}{t^4} \qquad \left(\text{where } \boxed{\text{G}} < \boxed{\text{H}}\right).$$

Hence, we see that

if $t < \boxed{\text{I}}$, then $f(t)$ $\boxed{\text{J}}$;

if $\boxed{\text{I}} < t < \boxed{\text{K}}$, then $f(t)$ $\boxed{\text{L}}$;

if $\boxed{\text{K}} < t < \boxed{\text{M}}$, then $f(t)$ $\boxed{\text{N}}$;

and

if $\boxed{\text{M}} < t$, then $f(t)$ $\boxed{\text{O}}$.

($\boxed{\text{IV}}$ is continued on the next page.)

Further, we have that

$$\lim_{t\to\infty} f(t) = \lim_{t\to-\infty} f(t) = \boxed{\text{P}}, \quad \lim_{t\to+0} f(t) = \boxed{\text{Q}} \quad \text{and} \quad \lim_{t\to-0} f(t) = \boxed{\text{R}}.$$

Thus, the range of values of a such that three tangents can be drawn is

$$-\boxed{\text{S}} < a < \boxed{\text{T}} \quad \text{and} \quad \boxed{\text{U}} < a < \frac{\boxed{\text{VW}}}{\boxed{\text{XYZ}}}.$$

⓪　0 　　　① 1 　　　② increases 　　③ decreases

④　∞ 　　　⑤ −∞

This is the end of the questions for IV.

This is the end of the questions for Course 2. Leave the answer spaces for V blank.

Please check once more that you have properly marked your course number as "Course 2" on your answer sheet.

Do not take this question booklet out of the room.

日本語 JAPANESE AS A FOREIGN LANGUAGE　2022年度 日本留学試験
2022 Examination for Japanese University Admission for International Students (EJU)

日本語　解答用紙　JAPANESE AS A FOREIGN LANGUAGE ANSWER SHEET

受験番号　Examination Registration Number

名前　Name

◆ あなたの受験票と同じかどうか二重かめてください。Check that these are the same as your Examination Voucher. ◆

聴解・聴読解 Listening and Listening-Reading Comprehension

聴読解 Listening-Reading Comprehension

解答番号	解		解答欄 Answer 1 2 3 4
練習	正しい	正しくない	① ● ③ ④
1	正しい	正しくない	① ② ③ ④
2	正しい	正しくない	① ② ③ ④
3	正しい	正しくない	① ② ③ ④
4	正しい	正しくない	① ② ③ ④
5	正しい	正しくない	① ② ③ ④
6	正しい	正しくない	① ② ③ ④
7	正しい	正しくない	① ② ③ ④
8	正しい	正しくない	① ② ③ ④
9	正しい	正しくない	① ② ③ ④
10	正しい	正しくない	① ② ③ ④
11	正しい	正しくない	① ② ③ ④
12	正しい	正しくない	① ② ③ ④

聴解 Listening Comprehension

解答番号	解		解答欄 Answer 1 2 3 4
練習	正しい	正しくない	● ② ③ ④
13	正しい	正しくない	① ② ③ ④
14	正しい	正しくない	① ② ③ ④
15	正しい	正しくない	① ② ③ ④
16	正しい	正しくない	① ② ③ ④
17	正しい	正しくない	① ② ③ ④
18	正しい	正しくない	① ② ③ ④
19	正しい	正しくない	① ② ③ ④

読解 Reading Comprehension

解答番号	解		解答欄 Answer 1 2 3 4
20	正しい	正しくない	① ② ③ ④
21	正しい	正しくない	① ② ③ ④
22	正しい	正しくない	① ② ③ ④
23	正しい	正しくない	① ② ③ ④
24	正しい	正しくない	① ② ③ ④
25	正しい	正しくない	① ② ③ ④
26	正しい	正しくない	① ② ③ ④
27	正しい	正しくない	① ② ③ ④

読解 Reading Comprehension

解答番号	解答欄 Answer 1 2 3 4
1	① ② ③ ④
2	① ② ③ ④
3	① ② ③ ④
4	① ② ③ ④
5	① ② ③ ④
6	① ② ③ ④
7	① ② ③ ④
8	① ② ③ ④
9	① ② ③ ④
10	① ② ③ ④
11	① ② ③ ④
12	① ② ③ ④
13	① ② ③ ④
14	① ② ③ ④
15	① ② ③ ④
16	① ② ③ ④
17	① ② ③ ④
18	① ② ③ ④
19	① ② ③ ④
20	① ② ③ ④
21	① ② ③ ④
22	① ② ③ ④
23	① ② ③ ④
24	① ② ③ ④
25	① ② ③ ④

注意事項　Note

1. 必ず鉛筆（HB）で記入してください。
   Use a medium soft (HB or No. 2) pencil only.

2. この解答用紙を汚したり折ったりしてはいけません。
   Do not soil or bend this sheet.

3. マークは下のよい例のように、○ わく内を完全にぬりつぶしてください。

   Marking Examples.

よい例 Correct	悪い例 Incorrect
●	⊗ ◎ ⊙ ◑

4. 訂正する場合はプラスチック消しゴムで完全に消し、消しくずを残してはいけません。
   Erase any unintended marks clearly and leave no eraser dust on this sheet.

5. 所定の欄以外には何も書いてはいけません。
   Do not write anything in the margins.

6. この解答用紙はすべて機械で処理しますので、以上の1から5までが守られていないと採点されません。
   The answer sheet will be processed mechanically. Failure to observe instructions above may result in rejection from evaluation.

2022年度日本留学試験

2022 Examination for Japanese University Admission for International Students (EJU)

日 本 語 「記 述」 解 答 用 紙

JAPANESE AS A FOREIGN LANGUAGE "WRITING" ANSWER SHEET

受 験 番 号
Examination Registration Number

← あなたの受験票と同じかどうか確かめてください。
Check that these are the same on your Examination Voucher.

名 前
Name

テーマの番号
Theme No. | 1 | 2

← 1または2のどちらかを選び、○で囲んでください。
Circle the number of the theme you selected.（1 or 2）

横書きで書いてください。
Write horizontally. ➡

この用紙の裏（何も印刷されていない面）には、何も書かないでください。
Do not write anything on the back（unprinted side）of this sheet.

（解答欄：20〜500字のマス目）

理科 SCIENCE

2022年度日本留学試験

2022 Examination for Japanese University Admission for International Students (EJU)

理科 解答用紙

SCIENCE ANSWER SHEET

【表 FRONT SIDE】

受験番号
Examination Registration Number

名前 Name

◆ あなたの受験票と同じかどうか確かめてください。Check that these are the same as your Examination Voucher. ◆

解答科目 Subject		
物理 Physics	化学 Chemistry	生物 Biology
○	○	○

この解答用紙のこの面に解答する科目を、1つ○で囲み、その下のマーク欄をマークしてください。
Circle the name of the subject of the examination you are taking on this side of the sheet, and fill in the oval under it.

(裏面でもう1つの科目を解答してください。)
(Use the reverse side for the other subject.)

【悪い例 Incorrect Example】

解答科目 Subject		
物理 Physics	化学 Chemistry	生物 Biology

解答科目 Subject		
物理 Physics	化学 Chemistry	生物 Biology

注意事項 Note

1. 必ず鉛筆 (HB) で記入してください。
   Use a medium soft (HB or No. 2) pencil only.

2. この解答用紙を汚したり折ったりしてはいけません。
   Do not soil or bend this sheet.

3. マークは下のよい例のように、○わく内を完全にぬりつぶしてください。
   Marking Examples.

よい例 Correct	悪い例 Incorrect
●	⊗ ○

4. 訂正する場合はプラスチック消しゴムで完全に消し、消しくずを残してはいけません。
   Erase any unintended marks clearly and leave no eraser dust on this sheet.

5. 解答番号は1から75まであr りますが、問題のあるところまで答えて、あとはマークしないでください。
   Use only necessary rows and leave remaining rows blank.

6. 所定の欄以外には何も書いてはいけません。
   Do not write anything in the margins.

7. この解答用紙はすべて機械で処理しますので、以上の1から6までが守られていないと採点されません。
   The answer sheet will be processed mechanically. Failure to observe instructions above may result in rejection from evaluation.

理科 SCIENCE

2022年度日本留学試験

2022 Examination for Japanese University Admission for International Students (EJU)

理 科 解 答 用 紙

SCIENCE ANSWER SHEET

【裏 REVERSE SIDE】

この解答用紙のこの面に解答する科目を、1つ○で囲み、その下のマーク欄をマークしてください。

Circle the name of the subject of the examination you are taking on this side of the sheet, and fill in the oval under it.

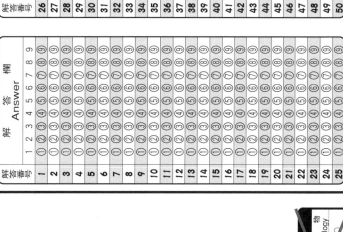

【悪い例 Incorrect Example】

総合科目 JAPAN AND THE WORLD　2022年度日本留学試験

2022 Examination for Japanese University Admission for International Students (EJU)

総 合 科 目 解 答 用 紙　JAPAN AND THE WORLD ANSWER SHEET

↑ あなたの受験票と同じかどうか確かめてください。Check that these are the same as your Examination Voucher. ↑

受 験 番 号
Examination Registration Number

名 前
Name

解答番号	解 答 欄 Answer 1 2 3 4
1	① ② ③ ④
2	① ② ③ ④
3	① ② ③ ④
4	① ② ③ ④
5	① ② ③ ④
6	① ② ③ ④
7	① ② ③ ④
8	① ② ③ ④
9	① ② ③ ④
10	① ② ③ ④
11	① ② ③ ④
12	① ② ③ ④
13	① ② ③ ④
14	① ② ③ ④
15	① ② ③ ④
16	① ② ③ ④
17	① ② ③ ④
18	① ② ③ ④
19	① ② ③ ④
20	① ② ③ ④

解答番号	解 答 欄 Answer 1 2 3 4
21	① ② ③ ④
22	① ② ③ ④
23	① ② ③ ④
24	① ② ③ ④
25	① ② ③ ④
26	① ② ③ ④
27	① ② ③ ④
28	① ② ③ ④
29	① ② ③ ④
30	① ② ③ ④
31	① ② ③ ④
32	① ② ③ ④
33	① ② ③ ④
34	① ② ③ ④
35	① ② ③ ④
36	① ② ③ ④
37	① ② ③ ④
38	① ② ③ ④
39	① ② ③ ④
40	① ② ③ ④

解答番号	解 答 欄 Answer 1 2 3 4
41	① ② ③ ④
42	① ② ③ ④
43	① ② ③ ④
44	① ② ③ ④
45	① ② ③ ④
46	① ② ③ ④
47	① ② ③ ④
48	① ② ③ ④
49	① ② ③ ④
50	① ② ③ ④
51	① ② ③ ④
52	① ② ③ ④
53	① ② ③ ④
54	① ② ③ ④
55	① ② ③ ④
56	① ② ③ ④
57	① ② ③ ④
58	① ② ③ ④
59	① ② ③ ④
60	① ② ③ ④

数　学　MATHEMATICS　　　　2022年度日本留学試験

2022 Examination for Japanese University Admission for International Students (EJU)

数　学　解　答　用　紙　MATHEMATICS ANSWER SHEET　【表　FRONT SIDE】

受　験　番　号
Examination Registration Number

名　前
Name

◆ あなたの受験票と同じかどうか確かめてください。Check that these are the same as your Examination Voucher. ◆

この解答用紙に解答するコースを、1つ○で囲み、
その下のマーク欄をマークしてください。
Circle the name of the course you are taking and
fill in the oval under it.
(Ⅲ以降は裏面)(Use the reverse side for Ⅲ, Ⅳ and Ⅴ.)

解答コース Course
コース 1 Course 1 ／ コース 2 Course 2

Ⅰ
解答記号 | 解答欄 Answer
A〜Z : − 0 1 2 3 4 5 6 7 8 9

Ⅱ
解答記号 | 解答欄 Answer
A〜Z : − 0 1 2 3 4 5 6 7 8 9

【悪い例 Incorrect Example】
解答コース Course
コース 1 Course 1 ／ コース 2 Course 2

注意事項　Note

よい例 Correct　　悪い例 Incorrect

Marking Examples.
マークは下のよい例のように、○わく内を完全にぬりつぶしてください。

1. 必ず鉛筆 (HB) で記入してください。
　Use a medium soft (HB or No. 2) pencil only.
2. この解答用紙を汚したり折ったりしてはいけません。
　Do not soil or bend this sheet.
3. マークは下のよい例のように、○わく内を完全にぬりつぶしてください。
　Marking Examples.
4. 訂正する場合はプラスチック消しゴムで完全に消し、消しくずを残しては
　いけません。
　Erase any unintended marks clearly and leave no eraser dust on this sheet.
5. 解答番号はAからZまでありますが、問題のあるところまで答えて、あと
　はマークしないでください。
　Use only necessary rows and leave remaining rows blank.
6. 所定の欄以外には何も書いてはいけません。
　Do not write anything in the margins.
7. Ⅲ, Ⅳ, Ⅴの解答欄は裏面にあります。
　The answers to parts Ⅲ, Ⅳ, and Ⅴ should be marked on the reverse
　side of this sheet.
8. この解答用紙はすべて機械で処理しますので、以上の1から7までが守ら
　れていないと採点されません。
　The answer sheet will be processed mechanically. Failure to observe
　the instructions above may result in rejection from evaluation.

—281—

数学 MATHEMATICS

【裏 REVERSE SIDE】

2022年度日本留学試験

2022 Examination for Japanese University Admission for International Students (EJU)

数 学 解 答 用 紙

MATHEMATICS ANSWER SHEET

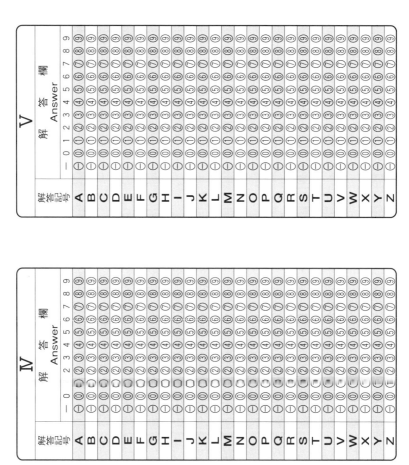

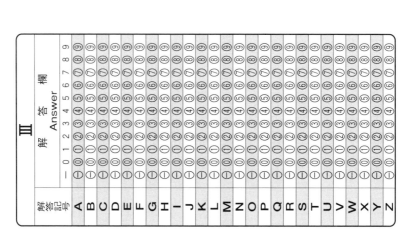

2022年度

日本留学試験（第2回）

参考資料

The Reference Data

2022年度（令和4年度）日本留学試験実施要項

1．目　的
　外国人留学生として，我が国の大学（学部）等に入学を希望する者について，日本語力及び基礎学力の評価を行う。

2．実施者
　独立行政法人日本学生支援機構が，文部科学省，外務省，大学及び国内外の関係機関の協力を得て実施する。

3．試験の方法，内容等
(1)　対　　　象：外国人留学生として，我が国の大学等に入学を希望する者
(2)　試　験　日：第1回　2022年（令和4年）6月19日（日）
　　　　　　　　　第2回　2022年（令和4年）11月13日（日）
(3)　実　施　地：国　内　北海道，宮城県，群馬県，埼玉県，千葉県，東京都，神奈川県，
　　　　　　　　　　　　　石川県又は福井県，静岡県，愛知県，京都府，大阪府，兵庫県，
　　　　　　　　　　　　　岡山県又は広島県，高知県，福岡県及び沖縄県
　　　　　　　　　国　外　インド（ニューデリー），インドネシア（ジャカルタ及びスラ
　　　　　　　　　　　　　バヤ），韓国（ソウル及びプサン），シンガポール，スリランカ
　　　　　　　　　　　　　（コロンボ），タイ（バンコク及びチェンマイ），台湾（台北），
　　　　　　　　　　　　　フィリピン（マニラ），ベトナム（ハノイ及びホーチミン），香
　　　　　　　　　　　　　港，マレーシア（クアラルンプール），ミャンマー（ヤンゴン），
　　　　　　　　　　　　　モンゴル（ウランバートル）及びロシア（ウラジオストク）(注)
　　　　　　　　　　　　　(注) 2022年度の実施は，現地情勢の影響により中止。

(4)　出題科目等
　　　受験者は，受験希望の大学等の指定に基づき，以下の科目の中から選択して受験する。

科　目	目　　　　的	時　間	得　点　範　囲
日　本　語	日本の大学等での勉学に対応できる日本語力（アカデミック・ジャパニーズ）を測定する。	125分	読解 聴解・聴読解 0～400点 記述 0～50点
理　　　科	日本の大学等の理系学部での勉学に必要な理科（物理・化学・生物）の基礎的な学力を測定する。	80分	0～200点
総合科目	日本の大学等での勉学に必要な文系の基礎的な学力，特に思考力，論理的能力を測定する。	80分	0～200点
数　　　学	日本の大学等での勉学に必要な数学の基礎的な学力を測定する。	80分	0～200点

［備考］
　　① 　日本語の科目は，記述，読解，聴解・聴読解の3領域から構成される。
　　② 　理科について，受験者は，受験希望の大学等の指定に基づき，物理・化学・生物

から2科目を選択する。

③ 数学について，受験者は，受験希望の大学等の指定に基づき，文系学部及び数学を必要とする程度が比較的少ない理系学部用のコース1，数学を高度に必要とする学部用のコース2のどちらかを選択する。

④ 理科と総合科目を同時に選択することはできない。

⑤ 上記の得点範囲は，日本語の科目の記述を除き，素点ではなく，共通の尺度上で表示する。また，記述については基準に基づき採点する。

⑥ 出題範囲は，各科目のシラバスを参照のこと。

(5) 出題言語：日本語及び英語により出題するので，受験者は，受験希望の大学等の指定を踏まえて，出願の際にどちらかを申告する（日本語の科目は日本語による出題のみ）。

(6) 解答方式：多肢選択方式（マークシート）（日本語の科目は記述式を含む。）

4．出願の手続き等

(1) 出願手続き

① 願　　書：所定のもの

② 受 験 料：国　内　（1科目のみの受験者）　　　　10,000円（税込み）
　　　　　　　　　　　（2科目以上の受験者）　　　　18,000円（税込み）
　　　　　　　国　外　インド　　　　　　　　　　　　800ルピー
　　　　　　　　　　　インドネシア　　　　　　　110,000ルピア
　　　　　　　　　　　韓国（1科目のみの受験者）　50,000ウォン
　　　　　　　　　　　　　（2科目以上の受験者）　80,000ウォン
　　　　　　　　　　　シンガポール　　　　　　　　65シンガポールドル
　　　　　　　　　　　スリランカ　　　　　　　1,850スリランカルピー
　　　　　　　　　　　タイ　　　　　　　　　　　　400バーツ
　　　　　　　　　　　台湾（1科目のみの受験者）　1,200台湾ドル
　　　　　　　　　　　　　（2科目以上の受験者）　1,600台湾ドル
　　　　　　　　　　　フィリピン　　　　　　　　　500ペソ
　　　　　　　　　　　ベトナム　　　　　　　　275,000ドン
　　　　　　　　　　　香港（1科目のみの受験者）　　450香港ドル
　　　　　　　　　　　　　（2科目以上の受験者）　　850香港ドル
　　　　　　　　　　　マレーシア　　　　　　　　　90リンギット
　　　　　　　　　　　ミャンマー　　　　　　　　　15米ドル
　　　　　　　　　　　モンゴル　　　　　　　　35,000トゥグルグ
　　　　　　　　　　　ロシア　　　　　　　　　　　300ルーブル

③ 受付期間：国　内　（第1回）2022年（令和4年）2月14日（月）から3月11日（金）17時まで
　　　　　　　　　　　（第2回）2022年（令和4年）7月4日（月）から7月29日（金）17時まで

国　外　（第1回）　2022年（令和4年）2月14日（月）から3月11日（金）
まで

（第2回）　2022年（令和4年）7月4日（月）から7月29日（金）
まで

④　出　　　願：国　内　独立行政法人日本学生支援機構留学生事業部留学試験課に提
出する。

国　外　各国・地域の現地機関に提出する。

(2)　出願方法

国　内：オンラインにより出願を受け付ける。手続き等の細目については，独立行政
法人日本学生支援機構のウェブサイトで公表する。

国　外：各国・地域の現地機関と調整のうえ，決定する。

(3)　受験票の送付

国　内：願書を受理したものについて，次に掲げる期日（予定）に発送する。

第1回　2022年（令和4年）5月20日（金）

第2回　2022年（令和4年）10月21日（金）

国　外：各国・地域の現地機関と調整のうえ，決定する。

［備考］国外の受験票，結果の通知の発送料については，受験案内等で公表
する。

5．結果の公表等

(1)　受験者への公表

次に掲げる期日（予定）に，オンラインで試験の成績を公表する。

第1回　2022年（令和4年）7月27日（水）

第2回　2022年（令和4年）12月23日（金）

［備考］国外においては，各国・地域の現地機関を通じて成績通知書の発送も行
う。

(2)　大学等からの成績照会

別途定める所定の登録手続きを行った大学等に対しては，(1)に掲げる期日より，オ
ンラインでの成績照会を開始する。

```
照会先：独立行政法人日本学生支援機構　留学生事業部留学試験課
　　　　〒153-8503　東京都目黒区駒場4-5-29
　　　　電話：03-6407-7457　　FAX：03-6407-7462
　　　　E-Mail：jasso_eju@jasso.go.jp
```

2022年度日本留学試験(第2回)実施地別応募者数・受験者数一覧(国内・国外)

実施国・地域	都道府県・都市	応募者数	受験者数
日　本	北海道	65	42
	宮　城	170	123
	群　馬	53	43
	埼　玉	365	298
	千　葉	215	165
	東　京	12,143	9,679
	神奈川	301	234
	福　井	13	13
	静　岡	96	69
	愛　知	217	194
	京　都	991	865
	大　阪	1,459	1,209
	兵　庫	224	184
	広　島	216	184
	高　知	53	39
	福　岡	744	637
	沖　縄	17	12
国 内 小 計		17,342	13,990
インド	ニューデリー	137	65
インドネシア	ジャカルタ	150	123
	スラバヤ	84	63
韓　国	ソウル	2,376	1,807
	プサン	505	400
シンガポール		8	7
スリランカ	コロンボ	5	3
タ　イ	バンコク	122	83
	チェンマイ	14	12
台　湾	台　北	254	199
フィリピン	マニラ	20	14
ベトナム	ハノイ	112	83
	ホーチミン	47	29
香　港		293	149
マレーシア	クアラルンプール	151	145
ミャンマー	ヤンゴン	189	122
モンゴル	ウランバートル	144	103
ロシア	ウラジオストク（※）	－	－
国 外 小 計		4,611	3,407
総 合 計		21,953	17,397

※ウラジオストクについては、現地情勢の影響により中止。

2022年度日本留学試験（第2回）試験会場一覧

国・地域	都道府県又は都市	試 験 会 場	
日 本	北海道	北海学園大学 豊平キャンパス	
	宮 城	東北大学 川内北キャンパス	
	群 馬	高崎白銀ビル	
	埼 玉	埼玉大学	
	千 葉	千葉大学 西千葉キャンパス	
	東 京	上智大学 四谷キャンパス	立教大学 池袋キャンパス
		拓殖大学 文京キャンパス	電気通信大学
		東京大学教養学部 駒場キャンパス	中央大学 多摩キャンパス
		明治大学 駿河台キャンパス	創価大学
	神奈川	TKP ガーデンシティ PREMIUM みなとみらい	
	福 井	福井工業大学 福井キャンパス	
	静 岡	日本大学国際関係学部	
	愛 知	名古屋大学 東山キャンパス	
	京 都	京都大学 吉田キャンパス（吉田南構内）	
	大 阪	大阪大学 豊中キャンパス	
	兵 庫	神戸大学 深江キャンパス	
	広 島	県立広島大学 広島キャンパス	
	高 知	高知県立青少年センター	
	福 岡	福岡女学院中学校・高等学校	九州産業大学
	沖 縄	琉球大学 千原キャンパス	
イ ン ド	ニューデリー	Sri Venkateswara College, Delhi	
インドネシア	ジャカルタ	インドネシア大学日本研究センター	
	スラバヤ	Language Center of Surabaya State University	
韓 国	ソウル	京院中学校	蠶室高等学校
		梧琴中学校	九老中学校
		九老高等学校	
	プサン	慶南工業高等学校	
シンガポール		シンガポール日本文化協会	
スリランカ	コロンボ	スリランカ日本文化センター（ササカワホール）	
タ イ	バンコク	タイ国元日本留学生協会（OJSAT）	
	チェンマイ	チェンマイ大学	
台 湾	台 北	語言訓練測験中心	
フィリピン	マニラ	デ・ラ・サール大学セント・ベニール校	
ベトナム	ハノイ	ベトナム日本人材協力センター（VJCC）	
	ホーチミン	ホーチミン市社会科学人文大学	
香 港		KITEC 九龍灣國際展貿中心	
マレーシア	クアラルンプール	サンウェイ大学	
ミャンマー	ヤンゴン	Brainworks Total International School	
モンゴル	ウランバートル	モンゴル日本センター	モンゴル国立大学 2号館
ロ シ ア	ウラジオストク	中止	

日本語シラバス

＜試験の目的＞

　この試験は，日本の高等教育機関（特に大学学部）に，外国人留学生として入学を希望する者が，大学等での勉学・生活において必要となる言語活動に，日本語を用いて参加していくための能力をどの程度身につけているか，測定することを目的とする。

I　試験の構成

　この試験は，理解に関わる能力を問う領域（読解，聴解，聴読解）と，産出に関わる能力を問う領域（記述）からなる。

II　各領域の概要

1．読解，聴解，聴読解領域

　読解は，主として文章によって出題されるが，文章以外の視覚情報（図表や箇条書きなど）が提示されることもある。聴解は，すべて音声によって出題され，聴読解は，音声と視覚情報（図表や文字情報）によって出題される。

(1)　問われる能力
　読解，聴解，聴読解領域では，文章や談話音声などによる情報を理解し，それらの情報の関係を把握し，また理解した情報を活用して論理的に妥当な解釈を導く能力が問われる。具体的には以下のような能力が問われる。

① 　直接的理解能力：
　　言語として明確に表現されていることを，そのまま理解することができるかを問う。たとえば，次のようなことが問われる。
- 　個々の文・発話内で表現されている内容を，正確に理解することができるか
- 　文章・談話全体の主題・主旨を，的確にとらえることができるか

② 　関係理解能力：
　　文章や談話で表現されている情報の関係を理解することができるかを問う。たとえば，次のようなことが問われる。
- 　文章・談話に含まれる情報のなかで，重要な部分，そうでない部分を見分けることができるか
- 　文章・談話に含まれる情報がどういう関係にあるかを理解することができるか
- 　異なる形式・媒体（音声，文字，図表など）で表現されている情報を比較・対照することができるか

③ 　情報活用能力：
　　理解した情報を活用して論理的に妥当な解釈が導けるかを問う。たとえば，次のようなことが問われる。
- 　文章・談話の内容を踏まえ，その結果や帰結などを導き出すことができるか

- 文章・談話で提示された具体的事例を一般化することができるか
- 文章・談話で提示された一般論を具体的事例に当てはめることができるか
- 異なる形式・媒体（音声，文字，図表など）で表現された情報同士を相補的に組み合わせて妥当な解釈が導けるか

⑵　出題される文章や談話の種類

　　⑴で挙げられた能力は，大学等での勉学・生活の場において理解が必要となる文章や談話を題材として問われる。具体的には以下のような文章・談話である。

　読解
- 説明文
- 論説文
- （大学等での勉学・生活にかかわる）実務的・実用的な文書／文章　など

　聴解，聴読解
- 講義，講演
- 演習や調査活動に関わる発表，質疑応答および意見交換
- 学習上または生活上の相談ならびに指導，助言
- 実務的・実用的な談話　など

2．記述領域

⑴　問われる能力

　　記述領域では，「与えられた課題の指示に従い，自分自身の考えを，根拠を挙げて筋道立てて書く」ための能力が問われる。具体的には以下のようなことが問われる。

- 与えられた課題の内容を正確に理解し，その内容にのっとった主張・結論を提示することができるか
- 主張・結論を支えるための，適切かつ効果的な根拠や実例等を提示することができるか
- 主張・結論を導き出すに当たって，一つの視点からだけでなく，多角的な視点から考察をおこなうことができるか
- 主張・結論とそれを支える根拠や実例等を，適切かつ効果的に，また全体としてバランスのとれた構成をなすように配列することができるか
- 高等教育の場において，文章として論述をおこなう際にふさわしい構文・語彙・表現等を，適切かつ効果的に使用できるか

⑵　出題される課題
- 提示された一つまたは複数の考え方について，自分の意見を論じる
- ある問題について現状を説明し，将来の予想や解決方法について論じる　等

基礎学力（理科）シラバス

＜試験の目的＞

　この試験は，外国人留学生として，日本の大学（学部）等に入学を希望する者が，大学等において勉学するに当たり必要とされる理科科目の基礎的な学力を測定することを目的とする。

＜試験の種類＞

　試験は，物理・化学・生物で構成され，そのうちから２科目を選択するものとする。

＜出題の範囲＞

　出題の範囲は，以下のとおりである。なお，小学校・中学校で学ぶ範囲については既習とし，出題範囲に含まれているものとする。出題の内容は，それぞれの科目において，項目ごとに分類され，それぞれの項目は，当該項目の主題又は主要な術語によって提示されている。

物理シラバス

出題範囲は，日本の高等学校学習指導要領の「物理基礎」及び「物理」の範囲とする。

Ⅰ　力学

1．運動と力
   (1)　運動の表し方
       位置，変位，速度，加速度，相対運動，落体の運動，水平投射，斜方投射
   (2)　さまざまな力
       力，重力，摩擦力，抗力，張力，弾性力，液体や気体から受ける力
   (3)　力のつり合い
       力の合成・分解，力のつり合い
   (4)　剛体にはたらく力のつり合い
       力のモーメント，合力，偶力，剛体のつり合い，重心
   (5)　運動の法則
       ニュートンの運動の3法則，力の単位と運動方程式，単位系と次元
   (6)　摩擦や空気の抵抗を受ける運動
       静止摩擦力，動摩擦力，空気の抵抗と終端速度

2．エネルギーと運動量
   (1)　仕事と運動エネルギー
       仕事の原理，仕事率，運動エネルギー
   (2)　位置エネルギー
       重力による位置エネルギー，弾性力による位置エネルギー
   (3)　力学的エネルギーの保存
   (4)　運動量と力積
       運動量と力積，運動量保存則，分裂と合体
   (5)　衝突
       反発係数（はねかえり係数），弾性衝突，非弾性衝突

3．さまざまな力と運動
   (1)　等速円運動
       速度と角速度，周期と回転数，加速度と向心力，等速でない円運動の向心力
   (2)　慣性力
       慣性力，遠心力
   (3)　単振動
       変位，速度，加速度，復元力，振幅，周期，振動数，位相，角振動数，ばね振り子，単振り子，単振動のエネルギー
   (4)　万有引力
       惑星の運動（ケプラーの法則），万有引力，重力，万有引力の位置エネルギー，力学的エネルギーの保存

II　熱

1．熱と温度

(1)　熱と温度

熱運動，熱平衡，温度，絶対温度，熱量，熱容量，比熱，熱量の保存

(2)　物質の状態

物質の三態，融点，沸点，融解熱，蒸発熱，潜熱，熱膨張

(3)　熱と仕事

熱と仕事，内部エネルギー，熱力学第1法則，不可逆変化，熱機関，熱効率，熱力学第2法則

2．気体の性質

(1)　理想気体の状態方程式

ボイルの法則，シャルルの法則，ボイル・シャルルの法則，理想気体の状態方程式

(2)　気体分子の運動

気体分子の運動と圧力・絶対温度，気体の内部エネルギー，単原子分子，二原子分子

(3)　気体の状態変化

定積変化，定圧変化，等温変化，断熱変化，モル比熱

III　波

1．波

(1)　波の性質

波動，媒質，波源，横波と縦波

(2)　波の伝わり方とその表し方

波形，振幅，周期，振動数，波長，波の速さ，正弦波，位相，波のエネルギー

(3)　重ね合わせの原理とホイヘンスの原理

重ね合わせの原理，干渉，定常波（定在波），ホイヘンスの原理，反射の法則，屈折の法則，回折

2．音

(1)　音の性質と伝わり方

音の速さ，音の反射・屈折・回折・干渉，うなり

(2)　発音体の振動と共振・共鳴

弦の振動，気柱の振動，共振・共鳴

(3)　ドップラー効果

ドップラー効果，音源が動く場合，観測者が動く場合，音源と観測者が動く場合

3．光

(1)　光の性質

可視光，白色光，単色光，光と色，スペクトル，分散，偏光

(2)　光の伝わり方

光の速さ，光の反射・屈折，全反射，光の散乱，レンズ，球面鏡

(3)　光の回折と干渉

回折，干渉，ヤングの実験，回折格子，薄膜による干渉，空気層による干渉

Ⅳ　電気と磁気

1．電場

(1) 静電気力
物体の帯電，電荷，電気量，電気量保存の法則，クーロンの法則

(2) 電場
電場，点電荷のまわりの電場，電場の重ね合わせ，電気力線

(3) 電位
静電気力による位置エネルギー，電位と電位差，点電荷のまわりの電位，等電位面

(4) 電場の中の物体
電場中の導体，静電誘導，静電遮蔽，接地，電場中の不導体，誘電分極

(5) コンデンサー
コンデンサー，電気容量，誘電体，コンデンサーに蓄えられる静電エネルギー，コンデンサーの接続

2．電流

(1) 電流
電流，電圧，オームの法則，抵抗と抵抗率，ジュール熱，電力，電力量

(2) 直流回路
抵抗の直列接続と並列接続，電流計，電圧計，キルヒホッフの法則，抵抗率の温度変化，抵抗の測定，電池の起電力と内部抵抗，コンデンサーを含む回路

(3) 半導体
n 型半導体，p 型半導体，pn 接合，ダイオード

3．電流と磁場

(1) 磁場
磁石，磁極，磁気力，磁気量，磁場，磁力線，磁化，磁性体，磁束密度，透磁率，磁束

(2) 電流がつくる磁場
直線電流がつくる磁場，円形電流がつくる磁場，ソレノイドの電流がつくる磁場

(3) 電流が磁場から受ける力
直線電流が磁場から受ける力，平行電流が及ぼし合う力

(4) ローレンツ力
ローレンツ力，磁場中の荷電粒子の運動，ホール効果

4．電磁誘導と電磁波

(1) 電磁誘導の法則
電磁誘導，レンツの法則，ファラデーの電磁誘導の法則，導体が磁場を横切るときの誘導起電力，ローレンツ力と誘導起電力，渦電流

(2) 自己誘導，相互誘導
自己誘導，自己インダクタンス，コイルに蓄えられるエネルギー，相互誘導，相互インダクタンス，変圧器

(3) 交流
交流の発生（交流電圧，交流電流，周波数，位相，角周波数），抵抗を流れる交流，実効値

(4) 交流回路

　　コイルのリアクタンスと位相差，コンデンサーのリアクタンスと位相差，消費電力，
　　交流回路のインピーダンス，共振回路，振動回路

(5) 電磁波

　　電磁波，電磁波の発生，電磁波の性質，電磁波の種類

V　原子

1．電子と光

(1) 電子

　　放電，陰極線，電子，比電荷，電気素量

(2) 粒子性と波動性

　　光電効果，光子，X線，コンプトン効果，ブラッグ反射，物質波，電子線の干渉と回折

2．原子と原子核

(1) 原子の構造

　　原子核，水素原子のスペクトル，ボーアの原子模型，エネルギー準位

(2) 原子核

　　原子核の構成，同位体，原子質量単位，原子量，原子核の崩壊，放射線，放射能，半減期，
　　核反応，核エネルギー

(3) 素粒子

　　素粒子，4つの基本的力

化学シラバス

出題範囲は，日本の高等学校学習指導要領の「化学基礎」及び「化学」の範囲とする。

I　物質の構成

1．物質の探究

(1) 純物質と混合物

　元素，同素体，化合物，混合物，混合物の分離，精製

(2) 物質の状態

　物質の三態（気体，液体，固体），状態変化

2．物質の構成粒子

(1) 原子構造

　電子，陽子，中性子，質量数，同位体

(2) 電子配置

　電子殻，原子の性質，周期律・周期表，価電子

3．物質と化学結合

(1) イオン結合

　イオン結合，イオン結晶，イオン化エネルギー，電子親和力

(2) 金属結合

　金属結合，自由電子，金属結晶，展性・延性

(3) 共有結合

　共有結合，配位結合，共有結合の結晶，分子結晶，結合の極性，電気陰性度

(4) 分子間力

　ファンデルワールス力，水素結合

(5) 化学結合と物質の性質

　融点・沸点，電気伝導性・熱伝導性，溶解度

4．物質の量的取扱いと化学式

(1) 物質量など

　原子量，分子量，式量，物質量，モル濃度，質量％濃度，質量モル濃度

(2) 化学式

　分子式，イオン式，電子式，構造式，組成式（実験式）

II　物質の状態と変化

1．物質の変化

(1) 化学反応式

　化学反応式の表し方，化学反応の量的関係

(2) 酸・塩基

　酸・塩基の定義と強弱，水素イオン濃度，pH，中和反応，中和滴定，塩

(3) 酸化・還元

　　酸化・還元の定義，酸化数，金属のイオン化傾向，酸化剤・還元剤

２．物質の状態と平衡
　(1) 状態の変化
　　分子の熱運動と物質の三態，気体分子のエネルギー分布，絶対温度，沸点，融点，融解熱，蒸発熱
　(2) 気体の性質
　　理想気体の状態方程式，混合気体，分圧の法則，実在気体と理想気体
　(3) 溶液の平衡
　　希薄溶液，飽和溶液と溶解平衡，過飽和，固体の溶解度，気体の溶解度，ヘンリーの法則
　(4) 溶液の性質
　　蒸気圧降下，沸点上昇，凝固点降下，浸透圧，コロイド溶液，チンダル現象，ブラウン運動，透析，電気泳動

３．物質の変化と平衡
　(1) 化学反応とエネルギー
　　化学反応と熱・光，熱化学方程式，反応熱と結合エネルギー，ヘスの法則
　(2) 電気化学
　　電気分解，電極反応，電気エネルギーと化学エネルギー，電気量と物質の変化量，ファラデーの法則
　(3) 電池
　　ダニエル電池や代表的な実用電池（乾電池，鉛蓄電池，燃料電池など）
　(4) 反応速度と化学平衡
　　反応速度と速度定数，反応速度と濃度・温度・触媒，活性化エネルギー，可逆反応，化学平衡及び化学平衡の移動，平衡定数，ルシャトリエの原理
　(5) 電離平衡
　　酸・塩基の強弱と電離度，水のイオン積，弱酸・弱塩基の電離平衡，塩の加水分解，緩衝液

Ⅲ　無機化学
１．無機物質
　(1) 典型元素（主要族元素）
　　各族の代表的な元素の単体と化合物の性質や反応，及び用途
　　　1 族：水素，リチウム，ナトリウム，カリウム
　　　2 族：マグネシウム，カルシウム，バリウム
　　　12 族：亜鉛，水銀
　　　13 族：アルミニウム
　　　14 族：炭素，ケイ素，スズ，鉛
　　　15 族：窒素，リン
　　　16 族：酸素，硫黄
　　　17 族：フッ素，塩素，臭素，ヨウ素
　　　18 族：ヘリウム，ネオン，アルゴン

(2) 遷移元素

　　クロム，マンガン，鉄，銅，銀，及びそれらの化合物の性質や反応，及び用途

(3) 無機物質の工業的製法

　　アルミニウム，ケイ素，鉄，銅，水酸化ナトリウム，アンモニア，硫酸など

(4) 金属イオンの分離・分析

2．無機物質と人間生活

　　上記の物質のほか，人間生活に広く利用されている金属やセラミックス

　• 代表的な金属の例：チタン，タングステン，白金，ステンレス鋼，ニクロム

　• 代表的なセラミックスの例：ガラス，ファインセラミックス，酸化チタン（Ⅳ）

Ⅳ　有機化学

1．有機化合物の性質と反応

(1) 炭化水素

　　アルカン，アルケン，アルキンの代表的な化合物の構造，性質及び反応，石油の成分と利用など

　　構造異性体・立体異性体（シス-トランス異性体，光学異性体（鏡像異性体））

(2) 官能基をもつ化合物

　　アルコール，エーテル，カルボニル化合物，カルボン酸，エステルなど代表的化合物の構造，性質及び反応

　　油脂・セッケンなど

(3) 芳香族化合物

　　芳香族炭化水素，フェノール類，芳香族カルボン酸，芳香族アミンなど代表的な化合物の構造，性質及び反応

2．有機化合物と人間生活

(1) 上記の物質のほか，単糖類，二糖類，アミノ酸など人間生活に広く利用されている有機化合物

　　［例］グルコース，フルクトース，マルトース，スクロース，グリシン，アラニン

(2) 代表的な医薬品，染料，洗剤などの主な成分

　　［例］サリチル酸の誘導体，アゾ化合物，アルキル硫酸エステルナトリウム

(3) 高分子化合物

　ⅰ　合成高分子化合物：代表的な合成繊維やプラスチックの構造，性質及び合成

　　　［例］ナイロン，ポリエチレン，ポリプロピレン，ポリ塩化ビニル，ポリスチレン，ポリエチレンテレフタラート，フェノール樹脂，尿素樹脂

　ⅱ　天然高分子化合物：タンパク質，デンプン，セルロース，天然ゴムなどの構造や性質，DNAなどの核酸の構造

　ⅲ　人間生活に広く利用されている高分子化合物

　　　（例えば，吸水性高分子，導電性高分子，合成ゴムなど）の用途，資源の再利用など

出題範囲は，日本の高等学校学習指導要領の「生物基礎」及び「生物」の範囲とする。

I　生命現象と物質

１．細胞と分子
- (1)　生体物質と細胞
  - 細胞小器官
  - 原核細胞と真核細胞
  - 細胞骨格
- (2)　生命現象とタンパク質
  - タンパク質の構造
  - タンパク質の働き　　［例］酵素

２．代謝
- (1)　生命活動とエネルギー
  - ATP とその役割
- (2)　呼吸　　　［例］解糖系，クエン酸回路，電子伝達系，発酵と解糖
- (3)　光合成　　　［例］光化学系Ⅰ，光化学系Ⅱ，カルビン・ベンソン回路，電子伝達系
- (4)　細菌の光合成と化学合成
- (5)　窒素同化

３．遺伝情報とその発現
- (1)　遺伝情報と DNA
  - DNA の二重らせん構造
  - 遺伝子と染色体とゲノム
- (2)　遺伝情報の分配
  - 体細胞分裂による遺伝情報の分配
  - 細胞周期と DNA の複製
  - DNA の複製のしくみ
- (3)　遺伝情報の発現
  - 遺伝子の発現のしくみ　　［例］転写，翻訳，スプライシング
  - 遺伝情報の変化　　　　　［例］遺伝子突然変異
- (4)　遺伝子の発現調節
  - 転写レベルの調節
  - 選択的遺伝子発現
  - 発現調節による細胞分化
- (5)　バイオテクノロジー　　　［例］遺伝子組換え，遺伝子導入

Ⅱ　生殖と発生
1．有性生殖
(1) 減数分裂と受精

減数分裂による遺伝子の分配

受精による多様な遺伝的組み合わせ

性染色体

(2) 遺伝子と染色体

遺伝子の連鎖と組換え

染色体の乗換えと遺伝子の組換え

2．動物の発生
(1) 配偶子形成と受精

(2) 初期発生の過程

(3) 細胞の分化と形態形成

3．植物の発生
(1) 配偶子形成と受精，胚発生

(2) 植物の器官の分化　　[例] 花の形態形成

Ⅲ　生物の体内環境の維持
1．体内環境
(1) 体液の循環系

(2) 体液の成分とその濃度調節

(3) 血液凝固のしくみ

2．体内環境の維持のしくみ
(1) 自律神経やホルモンによる調節　　[例] 血糖濃度の調節

3．免疫
(1) 免疫で働く細胞

(2) 免疫のしくみ

Ⅳ　生物の環境応答
1．動物の反応と行動
(1) 刺激の受容と反応

受容器とその働き

効果器とその働き

神経系とその働き

(2) 動物の行動

2．植物の環境応答
(1) 植物ホルモンの働き　　[例] オーキシンの働き，ジベレリンの働き

(2) 植物の光受容体の働き　　[例] フィトクロムの働き

V　生態と環境
1．個体群と生物群集
(1)　個体群
　個体群とその構造
　個体群内の相互作用
　個体群間の相互作用
(2)　生物群集
　生物群集とその構造

2．生態系
(1)　生態系の物質生産と物質循環
　[例] 食物網と栄養段階，炭素循環とエネルギーの流れ，窒素循環
(2)　生態系と生物多様性
　遺伝的多様性
　種多様性
　生態系の多様性
　生態系のバランスと保全
(3)　植生の多様性と分布　　[例] 植生の遷移
(4)　気候とバイオーム

VI　生物の進化と系統
1．生物進化のしくみ
(1)　生命の起源と生物の変遷
　生命の誕生
　生物の進化
　ヒトの進化
(2)　進化のしくみ
　個体間の変異（突然変異）
　遺伝子頻度の変化とそのしくみ
　分子進化と中立進化
　種分化
　共進化

2．生物の系統
(1)　生物の系統による分類　　[例] DNA 塩基配列の比較
(2)　高次の分類群と系統

基礎学力（総合科目）シラバス

＜試験の目的＞

　試験科目「総合科目」は，多文化理解の視野からみた現代の世界と日本についてのテーマが中心となる。その目的は，留学生が日本の大学での勉学に必要と考えられる現代日本についての基本的知識をもち，あわせて，近現代の国際社会の基本的問題について論理的に考え，判断する能力があるかを判定することにある。

　具体的には，政治・経済・社会を中心として地理，歴史の各分野から総合的に出題される。出題の範囲は，以下の各分野における項目からなり，それぞれの項目は関連する主要な用語で示されている。

総合科目シラバス

I　政治・経済・社会

1．現代の社会
情報社会，少子高齢社会，多文化理解，生命倫理，社会保障と社会福祉，地域社会の変貌，不平等の是正，食料問題，エネルギー問題，環境問題，持続可能な社会

2．現代の経済
経済体制，市場経済，価格メカニズム，消費者，景気変動，政府の役割と経済政策，労働問題，経済成長，国民経済，貿易，為替相場，国際収支

3．現代の政治
民主主義の原理，日本国憲法，基本的人権と法の支配，国会，内閣，裁判所，議会制民主主義，地方自治，選挙と政治参加，新しい人権

4．現代の国際社会
国際関係と国際法，グローバリゼーション，地域統合，国連と国際機構，南北問題，人種・エスニシティ・民族問題，地球環境問題，国際平和と国際協力，日本の国際貢献

II　地理

現代世界の特色と諸課題の地理的考察
地球儀と地図，距離と方位，空中写真と衛星画像，標準時と時差，地理情報，気候，地形，植生，世界の生活・文化・宗教，資源と産業，人口，都市・村落，交通と通信，自然環境と災害・防災，日本の国土と環境

III　歴史

1．近代の成立と世界の一体化
産業革命，アメリカ独立革命，フランス革命，国民国家の形成，帝国主義と植民地化，日本の近代化とアジア

2．20世紀の世界と日本
第一次世界大戦とロシア革命，世界恐慌，第二次世界大戦と冷戦，アジア・アフリカ諸国の独立，日本の戦後史，石油危機，冷戦体制の崩壊

基礎学力（数学）シラバス

＜試験の目的＞

この試験は，外国人留学生として，日本の大学（学部）等に入学を希望する者が，大学等において勉学するに当たり必要とされる数学の基礎的な学力を測定することを目的とする。

＜試験の種類＞

数学の試験には，コース１とコース２がある。コース１は，数学をそれほど必要としない学部・学科のための試験であり，コース２は，数学を高度に必要とする学部・学科のための試験である。受験者は，各自の志望する大学の学部・学科の指定に従い，コース１かコース２のどちらか一方を選択する。

＜記号・用語＞

記号は日本の高等学校の標準的な教科書に準拠する。

日本語で出題される試験問題では，日本の高等学校の教科書で通常用いられている用語を使用し，英語で出題される試験問題では，英語の標準的な用語を使用する。

＜出題範囲＞

出題範囲は以下のとおりである。なお，小学校・中学校で学ぶ範囲については既習とし，出題範囲に含まれているものとする。

- コース１の出題範囲は，以下の出題項目のうち１，２，３，４，５，６を範囲とする。
- コース２の出題範囲は，以下の出題項目の１から18までのすべてを範囲とする。

数学シラバス （高等学校学習指導要領との対照つき）

＜出題項目＞

1. 数と式… 数学Ⅰ
   (1) 数と集合
      ① 実数
      ② 集合と命題
   (2) 式の計算
      ① 式の展開と因数分解
      ② １次不等式
      ③ 絶対値と方程式・不等式

2. ２次関数… 数学Ⅰ
   (1) ２次関数とそのグラフ
      ① ２次関数の値の変化
      ② ２次関数の最大・最小
      ③ ２次関数の決定
   (2) ２次方程式・２次不等式
      ① ２次方程式の解
      ② ２次関数のグラフと２次方程式
      ③ ２次関数のグラフと２次不等式

3. 図形と計量… 数学Ⅰ
   (1) 三角比
      ① 正弦，余弦，正接
      ② 三角比の相互関係
   (2) 三角比と図形
      ① 正弦定理，余弦定理
      ② 図形の計量（空間図形への応用を含む）

4. 場合の数と確率… 数学Ａ
   (1) 場合の数
      ① 数え上げの原則（集合の要素の個数，和の法則，積の法則を含む）
      ② 順列・組合せ
   (2) 確率とその基本的な性質
   (3) 独立な試行と確率
   (4) 条件付き確率

5. 整数の性質… 数学Ａ
   (1) 約数と倍数
   (2) ユークリッドの互除法
   (3) 整数の性質の応用

6．図形の性質… 数学Ａ
　(1)　平面図形
　　　①　三角形の性質
　　　②　円の性質
　(2)　空間図形
　　　①　直線と平面
　　　②　多面体

7．いろいろな式… 数学Ⅱ
　(1)　式と証明
　　　①　整式の除法，分数式，二項定理，恒等式
　　　②　等式と不等式の証明
　(2)　高次方程式
　　　①　複素数と2次方程式の解
　　　②　因数定理
　　　③　高次方程式の解法と性質

8．図形と方程式… 数学Ⅱ
　(1)　直線と円
　　　①　点の座標
　　　②　直線の方程式
　　　③　円の方程式
　　　④　円と直線の関係
　(2)　軌跡と領域
　　　①　軌跡と方程式
　　　②　不等式の表す領域

9．指数関数・対数関数… 数学Ⅱ
　(1)　指数関数
　　　①　指数の拡張
　　　②　指数関数とそのグラフ
　(2)　対数関数
　　　①　対数の性質
　　　②　対数関数とそのグラフ
　　　③　常用対数

10．三角関数… 数学Ⅱ
　(1)　一般角
　(2)　三角関数とその基本的な性質
　(3)　三角関数とそのグラフ
　(4)　三角関数の加法定理
　(5)　加法定理の応用

11. 微分・積分の考え… 数学Ⅱ
　(1)　微分の考え
　　①　微分係数と導関数
　　②　導関数の応用
　　　　接線，関数値の増減（関数の値の変化，最大・最小，極大・極小）
　(2)　積分の考え
　　①　不定積分と定積分
　　②　面積

12. 数列… 数学B
　(1)　数列とその和
　　①　等差数列と等比数列
　　②　いろいろな数列
　(2)　漸化式と数学的帰納法
　　①　漸化式と数列
　　②　数学的帰納法

13. ベクトル… 数学B
　(1)　平面上のベクトル
　　①　ベクトルとその演算
　　②　ベクトルの内積
　(2)　空間座標とベクトル
　　①　空間座標
　　②　空間におけるベクトル

14. 複素数平面… 数学Ⅲ
　(1)　複素数平面
　　①　複素数の図表示
　　②　複素数の極形式
　(2)　ド・モアブルの定理
　(3)　複素数と図形

15. 平面上の曲線… 数学Ⅲ
　(1)　2次曲線
　　　　放物線，楕円，双曲線
　(2)　媒介変数による表示
　(3)　極座標による表示

16. 極限… 数学Ⅲ
　(1)　数列とその極限
　　①　数列の極限
　　②　無限級数の和
　(2)　関数とその極限

    ① 分数関数と無理関数

    ② 合成関数と逆関数

    ③ 関数の極限

    ④ 関数の連続性

17. 微分法… 数学Ⅲ

 (1) 導関数

    ① 関数の和・差・積・商の導関数

    ② 合成関数の導関数，逆関数の導関数

    ③ 三角関数・指数関数・対数関数の導関数

 (2) 導関数の応用

    接線，関数値の増減，速度，加速度

18. 積分法… 数学Ⅲ

 (1) 不定積分と定積分

    ① 積分とその基本的な性質

    ② 置換積分法・部分積分法

    ③ いろいろな関数の積分

 (2) 積分の応用

    面積，体積，長さ

EJU Syllabus for Japanese as a Foreign Language

＜Purpose of the Examination＞

This examination is designed for foreign students who plan to study at Japanese universities and colleges. The purpose of this examination is to measure their ability to communicate in the Japanese language that is required for higher education as well as daily life in Japan.

EJU Syllabus for Japanese as a Foreign Language

Ⅰ　Contents of the Examination

This examination consists of two major parts: production (writing) and comprehension (reading comprehension, listening comprehension, and listening & reading comprehension).

Ⅱ　Description of each Section

1.　Reading comprehension, listening comprehension, and listening & reading comprehension

The questions set for the reading comprehension are mainly written texts, and some visual information (graph, chart, list, etc.) may be presented. The questions set for the listening comprehension use only sounds, and the listening & reading comprehension use sounds and visual information (graph, chart, and textual information).

(1)　Abilities tested

In the sections of reading comprehension, listening comprehension, and listening & reading comprehension, the examination will assess the abilities to understand information in written or spoken text, to comprehend relationships between information, and to infer a logically valid interpretation. The examination include following questions.

(i)　Ability to understand details and the main idea of the text

This type of question will require the abilities to understand information explicitly expressed in the text. For example, the following abilities will be tested.
- Understand details of the text.
- Understand main ideas of the text.

(ii)　Ability to comprehend relationships between information

This type of question will require the abilities to comprehend the relationships between information expressed in the text. For example, the following abilities will be tested.
- Distinguish an important part of the text from the rest.
- Recognize relationships between the information.
- Compare or contrast information expressed in various forms such as sound, text, graphic, etc.

(iii)　Ability to utilize information

This type of question will require the abilities to utilize comprehended information in order to infer a logically valid interpretation. For example, the following abilities will be tested.
- Draw a conclusion using information given in the text.

- Generalize cases given in the text.
- Apply general explanation/ideas to particular cases.
- Infer a valid interpretation complementarily combining the information given in various forms, such as sound, text or graphic, etc.

(2)   Written and spoken texts used

The abilities listed in (1) will be examined based on written or spoken texts that need to be understood on the occasion of studying and campus life. Examples of written or spoken texts are as follows.

Reading comprehension
- Explanatory text
- Editorial text
- Practical document/text (regarding studying, campus life, etc.), and others

Listening comprehension, listening & reading comprehension
- Lecture or speech
- Presentation and discussion regarding exercise or survey
- Consultation, instruction and advice about study and life
- Practical conversation, and others

2.   Writing
(1)   Abilities tested

In the area of writing, the examination will evaluate the ability to follow the instructions and to write one's own ideas with convincing reasons. For example, the following abilities will be evaluated.

- Understand what is required in a given task and present an argument or conclusion based on what is understood.
- Present appropriate and effective evidence or examples that support the argument or conclusion.
- Review the argument or conclusion from multiple perspectives.
- Organize an essay by arranging an argument or conclusion, and its supporting evidence or example appropriately and effectively.
- Use appropriate sentence structure, vocabulary, expressions, etc. to write a dissertation in a place of higher education.

(2)   Tasks required
- To argue about one or several suggested concepts.
- To explain the current status of a specific issue, and to predict its outcome or to find a solution.

EJU Syllabus for Basic Academic Abilities(Science)

<Purpose of the Examination>

The purpose of this examination is to test whether international students have the basic academic ability in science necessary for studying at universities or other such higher educational institutions in Japan.

<Classification of Examination>

The examination consists of three subjects, i.e. physics, chemistry, and biology; examinees will select two of these subjects.

<Scope of Questions>

The scope of questions is as follows. What is taught in elementary and junior high schools is regarded to have been already learned and therefore is to be included in the scope of the EJU. What questions consists of in each subject is classified into categories, each of which is presented by topics and scientific terms.

Physics

The scope of questions will follow the scope of "Basic Physics" and "Advanced Physics" of the Course of Study for high schools in Japan.

I Mechanics

1. Motion and force

   (1) Description of motion

   Position, displacement, velocity, acceleration, relative motion, free fall, projectile motion

   (2) Various forces

   Force, gravity, frictional force, normal force, tension, elastic force, force exerted by liquid or gas

   (3) Equilibrium of forces

   Resultant and resolution of forces, equilibrium of forces

   (4) Equilibrium of forces acting on rigid bodies

   Torque, resultant force, couple of forces, equilibrium of rigid bodies, center of mass

   (5) Laws of motion

   Newton's laws of motion, unit of force and equation of motion, system of units and dimension

   (6) Motion in the presence of friction and/or air resistance

   Static friction force, kinetic friction force, air resistance and terminal velocity

2. Energy and momentum

   (1) Work and kinetic energy

   Principle of work, power, kinetic energy

   (2) Potential energy

   Potential energy due to gravity, potential energy due to elastic force

   (3) Conservation of mechanical energy

   (4) Momentum and impulse

   Momentum and impulse, law of conservation of momentum, fission and coalescence

   (5) Collision

   Coefficient of restitution, elastic collision, inelastic collision

3. Various forces and motion

   (1) Uniform circular motion

   Velocity and angular velocity, period and rotational frequency, acceleration and centripetal force, centripetal force in non-uniform circular motion

   (2) Inertial force

   Inertial force, centrifugal force

   (3) Simple harmonic motion

   Displacement, velocity, acceleration, restoring force, amplitude, period, frequency, phase, angular frequency, spring pendulum, simple pendulum, energy of simple harmonic motion

   (4) Universal gravitation

Planetary motion (Kepler's laws), universal gravitation, gravity, potential energy of universal gravitation, conservation of mechanical energy

II Thermodynamics

1. Heat and temperature
   (1) Heat and temperature
       Thermal motion, thermal equilibrium, temperature, absolute temperature, heat quantity, heat capacity, specific heat, conservation of heat quantity
   (2) States of matter
       Three states of matter (gas, liquid, solid), melting point, boiling point, heat of fusion, heat of evaporation, latent heat, heat expansion
   (3) Heat and work
       Heat and work, internal energy, the first law of thermodynamics, irreversible change, heat engine, thermal efficiency, the second law of thermodynamics

2. Properties of gas
   (1) Equation of state of ideal gas
       Boyle's law, Charles' law, Boyle-Charles' law, equation of state of ideal gas
   (2) Motion of gas molecules
       Motion of gas molecules and pressure/absolute temperature, internal energy of gas, monatomic molecule, diatomic molecule
   (3) Change of state of gases
       Isochoric change, isobaric change, isothermal change, adiabatic change, molar specific heat

III Waves

1. Waves
   (1) Properties of waves
       Wave motion, medium, wave source, transverse and longitudinal waves
   (2) Propagation of waves and how to express it
       Wave form, amplitude, period, frequency, wave length, wave velocity, sinusoidal wave, phase, energy of wave
   (3) Superposition principle and Huygens' principle
       Superposition principle, interference, standing wave, Huygens' principle, law of reflection, law of refraction, diffraction

2. Sound
   (1) Properties and propagation of sound
       Velocity of sound, reflection, refraction, diffraction and interference of sound, beat
   (2) Vibrations of sounding body and resonance
       Vibration of string, vibration of air column, resonance
   (3) Doppler effect
       Doppler effect, case of moving sound source, case of moving observer, case of moving sound source and moving observer

3. Light
   (1) Properties of light
      Visible light, white light, monochromatic light, light and color, spectrum, dispersion, polarization
   (2) Propagation of light
      Velocity of light, reflection and refraction of light, total reflection, scattering of light, lenses, spherical mirror
   (3) Diffraction and interference of light
      Diffraction, interference, Young's experiment, diffraction grating, thin-film interference, air wedge interference

Ⅳ　Electricity and Magnetism

1. Electric field
   (1) Electrostatic force
      Charged object, electric charge, electric quantity, principle of conservation of charge, Coulomb's law
   (2) Electric field
      Electric field, electric field of a point charge, principle of superposition of electric field, lines of electric force
   (3) Electric potential
      Potential energy by electrostatic force, electric potential and potential difference, electric potential of a point charge, equipotential surfaces
   (4) Matter in electric fields
      Conductor in an electric field, electrostatic induction, electrostatic shielding, ground, insulator in an electric field, dielectric polarization
   (5) Capacitor
      Capacitor, electric capacitance, dielectrics, electrostatic energy stored in a capacitor, connection of capacitors

2. Electric current
   (1) Electric current
      Electric current, voltage, Ohm's law, resistance and resistivity, Joule's heat, electric power, electric energy
   (2) Direct current circuits
      Series and parallel connections of resistors, ammeter, voltmeter, Kirchhoff's rules, temperature dependence of resistivity, measurement of resistance, electromotive force and internal resistance of battery, circuit with capacitors
   (3) Semiconductor
      n-type semiconductor, p-type semiconductor, p-n junction, diode

3. Current and magnetic field
   (1) Magnetic field
      Magnets, magnetic poles, magnetic force, magnetic charge, magnetic field, lines of magnetic

force, magnetization, magnetic materials, density of magnetic flux, permeability, magnetic flux

  (2) Magnetic fields generated by currents
       Magnetic fields generated by straight currents, magnetic fields generated by circular currents, magnetic fields generated by solenoid currents
  (3) Magnetic forces on currents
       Magnetic force on a straight current, force between parallel currents
  (4) Lorentz force
       Lorentz force, motion of charged particles in a magnetic field, Hall effect
4. Electromagnetic induction and electromagnetic wave
  (1) Laws of electromagnetic induction
       Electromagnetic induction, Lenz's law, Faraday's law of electromagnetic induction, induced electromotive force in a conductor crossing a magnetic field, Lorentz force and induced electromotive force, eddy current
  (2) Self-induction, mutual induction
       Self-induction, self-inductances, energy stored in a coil, mutual induction, mutual inductances, transformer
  (3) Alternating current (AC)
       Generation of AC (AC voltage, AC, frequency, phase, angular frequency), AC flowing through a resistor, effective values
  (4) AC circuits
       Reactance of coil and phase difference, reactance of capacitor and phase difference, electric power consumption, impedance of AC circuits, resonant circuit, oscillation circuit
  (5) Electromagnetic waves
       Electromagnetic wave, generation of electromagnetic wave, properties of electromagnetic waves, classification of electromagnetic waves

V **Atoms**
  1. Electrons and light
  (1) Electrons
       Discharge, cathode ray, electrons, specific charge, elementary electric charge
  (2) Wave-particle duality
       Photoelectric effect, photon, X-ray, Compton effect, Bragg reflection, matter wave, interference and diffraction of electron beam
  2. Atoms and nuclei
  (1) Structure of atoms
       Nucleus, spectrum of hydrogen atom, Bohr's model of atoms, energy level
  (2) Nuclei
       Compositions of nuclei, isotope, atomic mass unit, atomic weight, nuclear decay, radiation, radioactivity, half-life, nuclear reaction, nuclear energy
  (3) Elementary particles
       Elementary particles, four fundamental types of forces

Chemistry

The scope of questions will follow the scope of "Basic Chemistry" and "Advanced Chemistry" of the Course of Study for high schools in Japan.

I   Structure of Matter
  1. Study of matter
    (1) Pure substances and mixtures
         Elements, allotropes, compounds, mixtures, separation of mixture, purification
    (2) States of matter
         Three states of matter (gas, liquid, and solid), changes of state
  2. Particles constituting substances
    (1) Structure of the atom
         Electron, proton, neutron, mass number, isotope
    (2) Electron configuration
         Electron shell, properties of atoms, the periodic law, periodic table, valence electrons
  3. Substances and chemical bonds
    (1) Ionic bonds
         Ionic bond, ionic crystal, ionization energy, electron affinity
    (2) Metallic bonds
         Metallic bond, free electron, metallic crystal, malleability
    (3) Covalent bonds
         Covalent bond, coordinate bond, crystal of covalent bond, molecular crystals, polar nature of bond, electronegativity
    (4) Intermolecular force
         van der Waals force, hydrogen bond
    (5) Chemical bonds and properties of substances
         Melting point and boiling point, electric conductivity and thermal conductivity, solubility
  4. Quantitative treatment of substances and chemical formula
    (1) Amount of substance
         Atomic weight, molecular weight, formula weight, amount of substance, molar concentration, mass percent concentration, molarity
    (2) Chemical formulas
         Molecular formula, ion formula, electron formula (Lewis structures), structural formula, compositional formula (empirical formula)

II   State and Change of Substances
  1. Change of substances
    (1) Reaction formula
         Expression of reaction formula, quantitative relation of chemical reaction
    (2) Acids and bases
         Definition and strength of acids and bases, hydrogen ion concentration, pH, neutralization

reaction, neutralization titration, salt
- (3) Oxidation and reduction

  Definition of oxidation and reduction, oxidation number, ionization tendency of metal, oxidizing agent and reducing agent
2. State and equilibrium of substances
   - (1) Change of state

     Thermal motion of molecules and the three states of substance, thermal energy distribution of gas molecule, absolute temperature, boiling point, melting point, heat of fusion, heat of vaporization
   - (2) Properties of gases

     State equation of ideal gas, mixed gas, law of partial pressure, real gas and ideal gas
   - (3) Equilibrium of solutions

     Dilute solution, saturated solution and solubility equilibrium, supersaturation, solubility of solid, solubility of gas, Henry's law
   - (4) Nature of solutions

     Depression of vapor pressure, elevation of boiling point, depression of freezing point, osmotic pressure, colloidal solution, Tyndall effect, Brownian motion, dialysis, electrophoresis
3. Change and equilibrium of substances
   - (1) Chemical reaction and energy

     Heat and light in chemical reaction, thermochemical equation, heat of reaction and bond energy, Hess's law
   - (2) Electrochemistry

     Electrolysis, electrode reaction, electrical energy and chemical energy, quantity of electricity and amount of change in substance, Faradey's law
   - (3) Electric cell

     Daniell cell and typical practical batteries (dry cell, lead storage battery, fuel cell, etc.)
   - (4) Rate of reaction and chemical equilibrium

     Rate of reaction and rate constant, rate of reaction and concentration, temperature, and catalyst, activation energy, reversible reaction, chemical equilibrium and its shift, equilibrium constant, Le Chatelier's principle
   - (5) Eletrolytic dissociation equilibrium

     Strength and degree of electrolytic dissociation of acid and base, ionic product of water, electrolytic dissociation equilibrium of weak acid and weak base, hydrolysis of salt, buffer solution

Ⅲ Inorganic Chemistry
1. Inorganic substances
   - (1) Typical elements (main group elements)

     Properties, reactions and uses of representative elements of each group and their compounds

     Group 1 : hydrogen, lithium, sodium, potassium Group 2 : magnesium, calcium, barium

     Group 12 : zinc, mercury   Group 13 : aluminum

     Group 14 : carbon, silicon, tin, lead   Group 15 : nitrogen, phosphorus

     Group 16 : oxygen, sulfur   Group 17 : fluorine, chlorine, bromine, iodine

     Group 18 : helium, neon, argon

(2) Transition elements

Properties, reactions and uses of chromium, manganese, iron, copper, siiver, and their compounds

(3) Industrial manufacturing methods of inorganic substances

Aluminum, silicon, iron, copper, sodium hydroxide, ammonia, sulfuric acid, etc.

(4) Separation and analysis of metallic ions

2. Inorganic substances and our daily life

In addition to the substances mentioned III-1, metals and ceramics widely utilized in human life.

[Examples of typical metal] titanium, tungsten, platinum, stainless steel, nichrome

[Examples of typical ceramics] glass, fine ceramics, titanium (IV) oxide

IV Organic Chemistry

1. Properties and reactions of organic compound

(1) Hydrocarbons

Structures, properties and reactions of representative alkanes, alkenes, alkynes, composition and uses of petroleum

Structural isomers and stereoisomers (cis-*trans* isomers, optical isomers (enantiomers))

(2) Compounds with functional groups

Structures, properties and reactions of representative compounds such as alcohols, ethers, carbonyl compounds, carboxylic acids, ester, etc.

Oils and soaps, etc.

(3) Aromatic compounds

Structures, properties and reaction of representative compounds such as aromatic hydrocarbons, phenols, aromatic carboxylic acids, and aromatic amines

2. Organic compounds and our daily life

(1) In addition to the substances listed in IV-1, organic compounds widely utilized in human life such as monosaccharides, disaccharides, and amino acids

[Examples] glucose, fructose, maltose, sucrose, glycine, alanine

(2) Main ingredients of typical drugs, dyes, and detergents

[Examples] derivatives of salicylic acid, azo compounds, sodium alkyl sulfate

(3) Polymeric compounds

i Synthetic polymers: structures, properties and syntheses of typical synthetic fibers and plastics

[Examples] nylon, polyethylene, polypropylene, poly (vinyl chloride), polystyrene, polyethylene terephthalate, phenol resin, urea resin

ii Natural polymers

Structures and properties of proteins, starch, cellulose, natural rubber, structures and properties of nucleic acid such as DNA

iii Applications of polymers widely utilized in human life (e.g. water-absorbent polymer, conductive polymers, synthetic rubber), recycling of resources, etc.

Biology

The scope of questions will follow the scope of "Basic Biology" and "Advanced Biology" of the Course of Study for high schools in Japan.

I   **Biological Phenomena and Substances**
  1. Cells and molecules
    (1) Biological substances and cells
      Organelle
      Prokaryotic and eukaryotic cells
      Cytoskeleton
    (2) Biological phenomena and proteins
      Protein structure
      Protein function   [Example] enzyme
  2. Metabolism
    (1) Life activities and energy
      ATP and its role
    (2) Respiration   [Example] glycolytic pathway, citric acid cycle, electron transport system, fermentation and glycolysis
    (3) Photosynthesis [Example] photosystem I, photosystem II, Caivin-Benson cycle, electron transport system
    (4) Bacterial photosynthesis and chemosynthesis
    (5) Nitrogen assimilation
  3. Genetic information and its expression
    (1) Genetic information and DNA
      Double-helix structure of DNA
      Gene, chromosome and genome
    (2) Segregation of genetic information
      Segregation of genetic information by somatic cell division
      Cell cycle and DNA replication
      Mechanism of DNA replication
    (3) Expression of genetic information
      Mechanism of gene expression   [Example] transcription, translation, splicing,
      Changes in genetic information   [Example] gene mutation
    (4) Control of gene expression
      Regulation of transcriptional level
      Selective gene expression
      Cell differentiation by gene expression control
    (5) Biotechnology   [Example] genetic transformation, gene transfer

Ⅱ **Reproduction and Generation**
  1. Sexual reproduction
   (1) Meiosis and fertilization
       Gene segregation by meiosis
       Genetically diverse combination by fertilization
       Sex chromosomes
   (2) Genes and chromosomes
       Genetic linkage and gene recombination
       Chromosomal crossing-over and gene recombination
  2. Animal development
   (1) Animal gametogenesis and fertilization
   (2) Early developmental process in animals
   (3) Cell differentiation and morphogenesis in animals
  3. Plant development
   (1) Plant gametogenesis, fertilization and embryogenesis
   (2) Organ differentiation in plant   [Example] floral morphogenesis

Ⅲ **Homeostasis of the internal environment in living organisms**
  1. The internal environment in living organisms
   (1) Fluid movement in the circulatory system
   (2) The composition of body fluid and its concentration control
   (3) Mechanism of blood coagulation
  2. Homeostatic mechanism of the internal environment in living organisms
   (1) Internal regulation by autonomic nerves and hormones
         [Example] control of blood glucose level
  3. Immunity
   (1) Cells in immune system
   (2) Mechanism of immune system

Ⅳ **Organisms' response to external signals**
  1. Reactions and actions of animals to external signals
   (1) Perception and response to stimulus
       Sensory receptors and their functions
       Effectors and their functions
       Nervous systems and their functions
   (2) Animal behavior
  2. Plant responses to external signals
   (1) Functions of plant hormones
         [Example] functions of auxins, functions of gibberellins
   (2) Functions of plant photoreceptors
         [Example] functions of phytochrome

V Ecology and Environment
1. Populations and communities
   (1) Populations
      Populations and their structures
      Interaction within populations
      Interaction among populations
   (2) Communities
      Communities and their structures
2. Ecosystems
   (1) Matter production and cycle of matter in ecosystems
      [Example] food web and trophic level, carbon cycle and flow of energy, nitrogen cycle
   (2) Ecosystems and biodiversity
      Genetic diversity
      Species diversity
      Diversity of ecosystems
      Ecological balance and conservation
   (3) Diversity and distribution of vegetation [Example: succession of vegetation]
   (4) Climates and biomes

VI Biological Evolution and Phylogeny
1. Mechanism of biological evolution
   (1) Origin of life and transition of organisms
      Beginning of life
      Evolution of organisms
      Human evolution
   (2) Mechanism of evolution
      Variation between individuals (mutation)
      Changes in gene frequency and its mechanism
      Molecular evolution and neutral evolution
      Species differentiation
      Coevolution
2. Phylogeny of organisms
   (1) Phylogenetic classification of organisms   [Example] Comparison of DNA base sequence
   (2) Higher taxa and phylogeny

EJU Syllabus for Basic Academic Abilities
(Japan and the World)

＜Aims and Nature of the Examination＞

Japan and the World takes up themes centered mainly on the contemporary world and Japan as seen from the perspective of multicultural understanding. It is aimed at measuring international students' mastery of the basic knowledge of contemporary Japan deemed necessary to study at the college level in Japan, as well as their capacity to think logically and critically about basic issues in modern international society.

＜Syllabus＞

The topics of the questions are selected mainly from the fields of Politics, Economy, and Society, as well as from Geography and History. The syllabus below lists the major thematic groups of each field, and the topical areas from which questions may be drawn.

Japan and the World

I Politics, Economy and Society

1. Contemporary Society

   Information society, Aging society with fewer children, Multicultural understanding, Bio-ethics, Social security and social welfare, Transformation of local communities, Redress of inequality, Food issues, Energy issues, Environmental issues, Sustainable society

2. Economy

   Economic systems, Market economy, Price mechanism, Consumers, Business cycle, Government roles and economic policy, Labor issues, Economic growth, National economy, International trade, Foreign exchange, Balance of payments

3. Politics

   Principle of democracy, the Constitution of Japan, Fundamental human rights and the rule of law, Diet, Cabinets, Courts, Parliamentary democracy, Local government, Elections and political participation, New human rights

4. International Society

   International relations and international law, Globalization, Regional integration, United Nations and other international organizations, North South problem, Biotechnology and whole issues, Global environment issues, International peace and international cooperation, Japan's international contributions

II Geography

Geographical examination of features and issues of the modern world

Globes and maps, Distance and direction, Aerial photography and satellite pictures, Standard time and time differences, Geographical information, Climate, Natural features, Vegetation, Lifestyles/cultures/religions around the world, Resources and industries, Population, Urban and rural settlement, Traffic and communication, Natural environment and disasters/disaster prevention, Land and environment of Japan

III History

1. Development of modern society and interdependence of the world

   The Industrial Revolution, The American Revolution, The French Revolution, Formation of the nation-state, Imperialism and colonialization, Modernization of Japan and Asia

2. Japan and the world in the 20th century

   World War I and the Russian Revolution, The Great Depression, World War II and the Cold War, Independence of Asian and African nations, Postwar Japanese history, Oil Crisis, The end of the Cold War

EJU Syllabus for Basic Academic Abilities(Mathematics)

<Purpose of the Examination>

The purpose of this examination is to test whether international students have the basic academic ability in mathematics necessary for studying at universities or other such higher educational institutions in Japan.

<Classification of Examination>

There are two courses. Course 1 is for undergraduate faculties and departments for which a basic knowledge of mathematics is considered sufficient. Course 2 is for undergraduate faculties and departments for which math is very important.

At the time of taking the examination the examinee must choose whether to take Course 1 or Course 2 ; the examinees should follow the instructions given by the university or the department to which they are applying.

<Symbols and Terminologies>

The symbols are the ones used in Japanese high school text books; the English version of the test uses standard English terms, and the Japanese version of the test uses terms used in Japanese high school text books.

<Scope of Questions>

The topics covered by the examination are as follows.

- The Course 1 examination covers only topics 1 to 6.
- The Course 2 examination covers all 18 topics.

The topics are covered by the standard text books used in Japanese high schools.

In addition, it is assumed that material covered in Japanese elementary and junior high schools has been mastered.

Mathematics (the correspondence with the Course of Study for high schools is attached)

<Topics>

1. Numbers and expressions··· Mathematics I
   (1) Numbers and sets
      ① Real numbers
      ② Sets and propositions
   (2) Calculation of expressions
      ① Expansion and factorization of polynomials
      ② Linear inequalities
      ③ Equations and inequalities containing absolute values

2. Quadratic functions··· Mathematics I
   (1) Quadratic functions and their graphs
      ① Variation in values of quadratic functions
      ② Maximum and minimum values of quadratic functions
      ③ Determining quadratic functions
   (2) Quadratic equations and inequalities
      ① Solutions of quadratic equations
      ② Quadratic equations and the graphs of quadratic functions
      ③ Quadratic inequalities and the graphs of quadratic functions

3. Figures and measurements··· Mathematics I
   (1) Trigonometric ratios
      ① Sine, cosine, tangent
      ② Relations between trigonometric ratios
   (2) Trigonometric ratios and figures
      ① Sine formulas, cosine formulas
      ② Measurement of figures (including application to solid figures)

4. The number of possible outcomes and probability··· Mathematics A
   (1) The number of possible outcomes
      ① Principles of counting (including the number of elements of a set, the law of sums, the law of products)
      ② Permutations, combinations
   (2) Probability and its fundamental properties
   (3) Independent trials and probability
   (4) Conditional probability

5. Properties of integers··· Mathematics A

   (1)   Divisors and multiples

   (2)   Euclidean algorithm

   (3)   Applications of the properties of integers

6. Properties of figures··· Mathematics A

   (1)   Plane figures

      ①   Properties of triangles

      ②   Properties of circles

   (2)   Solid figures

      ①   Lines and planes

      ②   Polyhedrons

7. Miscellaneous Expressions··· Mathematics Ⅱ

   (1)   Expressions and proofs

      ①   Division of polynomials, fractional expressions, binomial theorem, identities

      ②   Proofs of equalities and inequalities

   (2)   Equations of higher degree

      ①   Complex numbers and solutions of quadratic equations

      ②   Factor theorem

      ③   Properties of equations of higher degree and methods of soiving them

8. Figures and equations··· Mathematics Ⅱ

   (1)   Lines and circles

      ①   Coordinates of a point

      ②   Equations of (straight) lines

      ③   Equations of circles

      ④   Relative positions of a circle and a line

   (2)   Locus and region

      ①   Locus defined by an equality

      ②   Region defined by inequalities

9. Exponential and logarithmic functions··· Mathematics Ⅱ

   (1)   Exponential functions

      ①   Expansion of exponents

      ②   Exponential functions and their graphs

   (2)   Logarithmic functions

      ①   Properties of logarithms

      ②   Logarithmic functions and their graphs

      ③   Common logarithms

10. Trigonometric functions··· Mathematics II
  (1) General angles
  (2) Trigonometric functions and their basic properties
  (3) Trigonometric functions and their graphs
  (4) Addition theorems for trigonometric functions
  (5) Applications of the addition theorems

11. The concepts of differentiation and integration.··· Mathematics II
  (1) The concept of differentiation
    ① Differential coefficients and derivatives
    ② Applications of the derivative
        Tangent lines, increase/decrease in function value (variation in the value of functions, maximums and minimums, local maximums and minimums)
  (2) The concept of integration
    ① Indefinite integrals and definite integrals
    ② Areas

12. Sequences of numbers··· Mathematics B
  (1) Sequences and their sums
    ① Arithmetic progressions and geometric progressions
    ② Various sequences
  (2) Recurrence formulae and mathematical induction
    ① Recurrence formulae and sequences
    ② Mathematical induction

13. Vectors··· Mathematics B
  (1) Vectors on a plane
    ① Vectors and their operations
    ② Scalar products (inner products) of vectors
  (2) Space coordinates and vectors
    ① Space coordinates
    ② Vectors in a space

14. Complex plane··· Mathematics III
  (1) Complex plane
    ① Geometric representation of complex numbers
    ② Trigonometric form (polar form) of complex numbers
  (2) De Moivre's theorem
  (3) Complex numbers and figures

15. Curves on a plane··· Mathematics Ⅲ

  (1) Quadratic curves

       Parabolas, ellipses, hyperbolas

  (2) Parametric representations

  (3) Representation in polar coordinates

16. Limits··· Mathematics Ⅲ

  (1) Sequences and their limits

    ① Limits of sequences

    ② Sums of infinite series

  (2) Functions and their limits

    ① Fractional functions and irrational functions

    ② Composite functions and inverse functions

    ③ Limits of functions

    ④ Continuity of functions

17. Differential calculus··· Mathematics Ⅲ

  (1) Derivatives

    ① Derivatives of the sum/difference/product/quotient of two functions

    ② Derivatives of composite functions, derivatives of inverse functions

    ③ Derivatives of trigonometric functions, exponential functions, logarithmic functions

  (2) Applications of the derivative

       Tangent lines, increase/decrease in value of functions, velocity, acceleration

18. Integral calculus··· Mathematics Ⅲ

  (1) Indefinite and definite integrals

    ① Integrals and their basic properties

    ② Integration by substitution, integration by parts

    ③ Integrals of various functions

  (2) Applications of the integral

       Area, volume, length

◎聴読解問題スクリプト

練習 学生がコンピュータの画面を見ながら先生の説明を聞いています。学生は今，画面の
どの項目を選べばいいですか。

　えー，これから，この大学のコンピュータの使い方について説明します。今日は，大まかな説
明しかしませんが，もっと詳しいことを知りたい人は，右上の「利用の仕方」などを見ておいて
ください。ああ，今じゃなくて，あとで見ておいてください。今日はまず，利用者の登録をしま
す。では，画面の左下の項目を選んでください。

1番 先生が，ミツバチについて話しています。ミツバチが警戒音を発するとき，情報はど
のように流れますか。

　ミツバチの社会ではさまざまな情報がやり取りされていますが，その内容によって情報の流れ
方も異なっています。たとえば，相手に蜜を要求するときは，一匹対一匹で一方向の情報の流れ
になります。また，エサの場所を知らせるダンスは，一匹対少数の一方向コミュニケーションで
す。一匹から多数へ一斉に知らせるものとしては，女王バチが自分の誕生を単金体に知らせるマ
ス・コミュニケーションがあります。そして一方向コミュニケーションが次々とつながって行わ
れる例としては，敵が来たことに注意するよう知らせる場合が挙げられます。個々が出す音は一
瞬の小さな音ですが，多くの個体が連携することによって次々に伝えられていき，大きな響きに
なってそれが敵を威嚇する効果があります。さらに，多数間で一斉に情報交換する例としては，
体内時計の調整があります。多数の個体間で双方向のコミュニケーションが起こるのです。

2番 先生が，経営学の授業で，消費者の行動に影響を与える要因について話しています。
この先生が最後にする質問の答えはどれですか。

　消費者の行動に影響を与える要因は，この図のように四つに分けることができます。まず，A
の社会的・文化的要因というのは，人口の増減や少子高齢化といった人口動態の変化，家族や地
域における人間関係の変化，また役割や規範に対する人々の意識の変化などです。次に，Bと
しては，情報通信，交通，医療などの技術の発達，それから環境問題，エネルギー問題などが考え
られます。また，Cには，好況，不況といった経済動向や雇用情勢などが含まれます。最後のD
は，政府による規制の緩和や強化，税制や年金制度の変更などです。では，より具体的な例を考
えてみましょう。

例えばベビーカーは，以前は女性の視点で選ばれていたので，華やかなデザインのものがよく売れていましたが，男性もいっしょに売り場に足を運ぶようになって，安定感やハンドルの高さなど，機能性や操作性を重視した製品が売れるようになりました。これは，最近，男性が育児をすることに対する人々の考え方が変わって，育児に積極的に参加する男性が増加してきたことと大いに関係があると考えられています。この例は，四つのうちどの要因に最も関係が深い例ですか。

Track 8

3番　先生が，オフィスの照明について話しています。実験の結果に関して，この先生が最後にする質問の答えはどれですか。

オフィスではたいていは天井に照明器具がついていますが，壁にも照明を設置すると，仕事の作業効率にどのような影響があるのでしょうか。

図のように，AからDの四つの照明の条件について，作業内容を変えて実験しました。思考力を必要とする作業については，壁の照明のほうを強くして天井の照明とともに使った場合と，壁の照明だけにした場合に，作業効率がよいという結果になりました。

一方，思考力を必要としない作業では，壁の照明のほうを強くして天井の照明とともに使った場合と，照明を天井だけにした場合に，効率がよくなりました。では，このことから，どちらの作業内容においても，高い作業効率が得られるのは，どのタイプの照明の条件ですか。

Track 9

4番　先生が，薬が体に入ってから効果を発揮するまでの流れについて話しています。この先生は，図のどの部分から薬を吸収させれば，有効成分が失われにくいと言っていますか。

体の調子がよくないとき，薬を飲むことがありますね。飲んだ薬の多くは小腸で吸収され，肝臓を通って，心臓から全身に送り出されます。

ところが，薬の種類によっては，肝臓を通ったときに薬が分解され，有効成分が失われることがあります。そのような薬の場合は，口から飲み込んでしまうのではなく，別の方法をとります。例えば，薬を飲み込まずに口の中で溶かすことによって，舌の裏側にある粘膜から吸収させ，薬を心臓まで届けるという方法があります。また，注射で血管に直接薬を入れる方法も有効です。あるいは座薬のように，お尻から薬を入れる場合も，薬は直腸で吸収され，肝臓を通らずに直接血管内に入り，全身に送り出されるので，有効成分が失われにくくなります。

5番 先生が，現代の食事の問題について説明しています。この先生は，子どもの食事の問
　　　題には，図の中のどれとどれが関わっていると言っていますか。

　図のAからDの四つの言葉は，それぞれ違う漢字で書かれていますが，いずれも「こしょく」
と読ませて，現代の食生活の問題点を伝えるメッセージとして最近作られたものです。

　例えば，小さい食と書く「こしょく」は，文字通り，ダイエットなどのために，食べる量が少
なすぎるという問題を表します。また，特に子どもの場合の食事の問題点として注意が必要なの
が，子どもが一人だけで食べる「こしょく」です。食事の際に家族とのコミュニケーションがな
く，子どもの社会性が育ちにくいといった指摘があります。また，この「こしょく」は，別の「こ
しょく」の問題を引き起こしてしまうという点でも問題視されています。親の目が届かないため，
嫌いなものには手を付けなかったり，ファーストフード店やコンビニなどで同じものばかり買っ
て食べたりして，偏った食事になるという問題です。

6番 女子学生と男子学生が，幸福度について話をしています。この女子学生がこのあと調
　　　べようとしているのは，グラフのどの部分についてですか。

女子学生：ねえねえ，このグラフを見て。日本のいろいろな年代の人に，幸福度を0から10の11
　　　　　段階で答えてもらって，それぞれの平均値を示したものなんだけど。
男子学生：男女とも10代が一番高いんだ。へー。意外だな。それにしても，男性の20代での幸福
　　　　　度の下がり方は激しいね。
女子学生：そうだね。女性は20代でもそれほど下がっていないのに…。でも女性の場合，その後
　　　　　（あと）は幸福度が下がっていく傾向にあるよね。
男子学生：男性は，30代から40代でまた上がるけど，40代からは下がってしまうのか。
女子学生：そうそう。
男子学生：あ，でも，年齢が上がるとまた男女とも上がるんだね。
女子学生：そうなの，そこって面白いよね？だから，そうなった理由について調べてみようと
　　　　　思ってるの。

7番 先生が，植物の接触センサーの仕組みについて話しています。この先生の説明に従って，この仕組みが働く順に図を並べるとどうなりますか。

　植物の細胞の表面には，何かが触れたのを感じる MCA というセンサーがあります。この MCA は円筒形の四つのたんぱく質がくっついて束になった形をしています。植物に何かが触れると，細胞がゆがんで細胞膜が引っ張られます。すると，MCA も膜に引っ張られて，円筒形の筒の束の中心部分にすきまができ，細胞の外から内側に向かってカルシウムイオンの移動が始まります。これをきっかけに，細胞の中で遺伝子や酵素が働き，何かに触れたという刺激に反応する現象が起こります。

8番 先生が，自然の多い農村を訪れる「農村観光」について話しています。先生は資料のどの部分について話していますか。

　いまやヨーロッパのみならず，日本でも定着しつつある農村観光ですが，具体的な事例についてお話しする前に，なぜ農村が観光客を受け入れるようになったかについてお話ししましょう。まず，ヨーロッパでこうした観光スタイルが生まれた背景には，工業化による農業の衰退がありました。農村が，人口の減少や高齢化，不安定な収入など，多くの問題を抱えていた中，農村を活性化させるための新たな産業として，観光が脚光をあびるようになったのです。同様に，日本で農村観光が生まれた背景にも，農業の担い手が減少したことに加え，貿易の自由化で国内の農業経営がますます厳しくなってきたことがあります。

9番 先生が，ふたがついた紙パックの容器の工夫について説明しています。この先生が，特に注目すべきだと言っているのは，図のどの部分についてですか。

　最近，牛乳やジュースなどの紙パックに，図のようなプラスチック製のふたがついた容器が増えてきました。ある会社が開発したこの容器には，様々な工夫がされています。例えば，ふたは，指でつまみやすい高さにしたことで，軽い力でも開けられます。そして，飲み口も従来より大きいので，中身が出やすくなりました。また，飲み口の位置を中央から少しずらした結果，中身を全部出し切るとき，ペットボトルほど大きく傾けなくてもすむので，直接飲むときも，あまり首を後ろにそらさずに飲むことができるのです。さらに，口をつけるときの感触を考えて，飲み口の唇をつける部分の厚さも薄くしています。
　これらのうち，特に高齢者にとって，より小さい動作で飲料を最後まで飲めるということは，注目すべき工夫だと思います。高齢者は体が固いので上を向いて飲むのは難しいからです。

10番 先生が，板の種類とその性質について説明しています。この先生の話によると，樽と
桶には（A）と（B），どちらの板を使うのがいいですか。

　図1の樽と桶は，いずれも板を何枚か組み合わせて，その周囲を金属などでできた「たが」で
留めて作ります。樽は酒などの液体を長期間貯蔵するために使われます。一方，桶は風呂場でお
湯を汲んだり，洗濯などで一時的に水を溜めたりするのに使います。

　さて，板には図2のように，丸太の中心を避けて切り出した板目板と，中心から放射状に切り
出した柾目板があります。木材には，湿ると膨らみ，乾くと縮む性質がありますが，板目板と柾
目板では，その性質が異なります。板目板は湿った時に柾目板よりも横方向によく膨らむため，
板と板のすき間がなくなり，中の液体が漏れにくくなります。しかし，逆に乾燥した時は，縮み
方が柾目板よりも大きくなり，すき間が広がって漏れやすくなってしまうので，板目板は液体を
入れっぱなしにしておくのに適しています。一方，柾目板は，板目板ほど大きく膨らんだり縮ん
だりしないので，湿ったり乾いたりが繰り返されるようなものに適しています。

11番 先生が授業で，消費者の購買行動について話しています。この先生が最後に例として
挙げる消費者の購買行動は，どのタイプですか。

　この図は消費者の購買行動を分類したものです。まず，製品への関心の程度とは，製品の特長
や機能に対するこだわりの程度です。一方ブランド間の知覚差異とは，さまざまなメーカーのブ
ランドの違いに対する認識のことです。

　図のAは，消費者が製品に強い関心を持ち，ブランドごとの違いをはっきり認識したうえで，
明確な意思を持って購入する行動です。Bは，製品へのこだわりは薄いけれど，ブランドの違い
は分かっていて，さまざまなブランドを積極的に試してみるような行動です。さらにCは，製品
への関心は強いのに，ブランドの違いはわからないまま購入するような行動です。最後のDは，
何のこだわりもなく同じものを繰り返し購入するような行動です。

　さて，歯ブラシは日常的に使う消耗品で，商品の特徴やブランドごとの違いを認識している人
は少ないでしょう。そのため，多くの人が，いつも買っている製品や，そのときたまたま目につ
いた製品を，何も考えずに買い続ける傾向があります。

12番 先生が，ナメクジという生き物について話しています。この先生の話によると，Bの
実験の後，ナメクジはどうなりますか。

　ナメクジという生き物は，かなり高度な学習をすることがわかっています。実験では，まず，
ナメクジににんじんジュースのにおいと，苦い味のするキニジン硫酸を組み合わせて与えます。
すると，にんじんジュースが嫌いになります。
　このナメクジに対して，AとB，二つの実験を行います。実験Aのほうでは，にんじんジュー
スのにおいとポテト香料のにおいを同時に嗅がせます。するとナメクジはポテト香料も嫌いにな
り，その後ポテト香料だけを与えても避けるようになります。ポテト香料がにんじんジュースを
連想させるようになったのです。一方，実験Bのほうでは，にんじんジュースのにおいとポテト
香料のにおいを嗅がせ，さらに，もう一度苦いキニジン硫酸も与えます。するとAの場合と異な
り，その後ポテト香料だけを嗅がせても，それを避ける行動は起こりませんでした。Bの実験で
は，にんじんジュースが嫌いになった経験から予想したとおりに苦みが来たので，それはにんじ
んジュースのせいで，ポテト香料は関係ないと認識されたと考えられます。

◎聴解問題スクリプト

練習　女子学生と男子学生が，待ち合わせの場所で話しています。この二人は，これからどうしますか。

女子学生：あ，お待たせ。山田さんはまだ？

男子学生：うん。さっき連絡があって，ちょっと遅れるって。待ってるって言ったんだけど，先に行ってくれって。

女子学生：でも，山田さん，研究会の場所，知ってるのかな？

男子学生：大丈夫だよ。先にどうぞって言ったんだから。

女子学生：そう言ってるのなら，大丈夫ね。

この二人はこれからどうしますか。

1．山田さんを待ってから行く。

2．山田さんに先に行ってもらう。

3．山田さんに連絡をする。

4．山田さんより先に行く。

13番　図書館の職員が，図書館の中に新しくできたスペースについて説明しています。この職員の話によると，このスペースはどのような目的で作られましたか。

　図書館の３階に，新たに学生のためのスペースが設けられました。ここは，学生が自主的にグループ学習を行えるスペースです。インターネットが利用でき，図書資料だけでなく電子資料の情報も活用することで，効率的に学習できるようになっています。また，ここでは会話が許可されていますので，いすや机を自由に移動させて，仲間と討論しながら課題に取り組むのに最適です。ホワイトボードやプロジェクターもありますので，グループワークや発表の準備に活用してください。わからないことがあれば，図書館にいる学習支援アドバイザーがお手伝いします。

　大学における学習は一人で行うものばかりではありません。ぜひ友人やクラスメイトと共に考え，意見を交わして，それぞれの学びを深めていってください。

この職員の話によると，このスペースはどのような目的で作られましたか。

1．仲間と一緒に学習を進める。

2．一人で静かに学習する。

3．授業で使用する。

4．友人とおしゃべりしながらリラックスする。

14番 先生が，植物の葉について話しています。この先生は，暗い場所で育つ木の葉は，どのようになると言っていますか。

　同じ種類の木を，明るい日なたに植えた場合と暗い林の中に植えた場合とでは，葉の大きさが変わってきます。日が当たるほうが大きくなると思われるかもしれませんが，実は一般的に，暗い林の中で育った木の葉のほうが大きいのです。4倍以上の大きさになることもあるのですが，なぜそうなるのでしょうか。

　明るい日なたの場合，高温や強風，乾燥といったリスクがあります。そうした環境では，葉が大きいと，乾いて枯れたり，破れてしまったりする可能性があります。そのため，葉は必要以上に大きくなりません。一方，暗い林の中では，高温などのリスクが少ない反面，日光が十分に届かない環境になります。それで，弱い光を少しでも多く受け止めるために葉が大きくなるのです。

この先生は，暗い場所で育つ木の葉は，どのようになると言っていますか。
1．乾燥しないように小さくなる。
2．強い風に耐えられるように小さくなる。
3．日光を取り入れられるように大きくなる。
4．水分を吸収できるように大きくなる。

15番 男子学生と女子学生が，レポートの書き方について話しています。この女子学生は，レポートを書くときどのようにしていると言っていますか。

男子学生：今日も先生にレポートを褒められてたね。いつもどうやって書いているの？
女子学生：私は，まずはとりあえず最後まで通して書いちゃうんだ。
男子学生：えー，すごいね！すぐに最後まで書けるなんて。
女子学生：ううん。内容に点数をつけるとしたら，最初は30点ぐらいだよ。そのあと直していくんだけど，2回目は50点，3回目は70点，というように少しずつ完成に近づけていくの。
男子学生：でも，何度も書き直したら，時間がかかるんじゃない？
女子学生：うーん。時間配分としては，最初に全体の半分ぐらいの時間で書くの。それで，残り半分の時間を使って直していくんだ。じっくり直せるから，完成度が上がるよ。
男子学生：なるほど。ぼくは1回で書きあげようと思うから，いつもぎりぎりまでかかっちゃって，見直す時間なんてほとんどないよ。

この女子学生は，レポートを書くときどのようにしていると言っていますか。
1．毎日，時間をかけて少しずつ書きすすめていく。
2．全体を書いたあと，修正に時間をかける。
3．半分まで書いたら見直しをして，そのあと残りを書く。
4．はじめから完成度の高いものを一気に書きあげる。

Track 25

16番　先生が，授業で話しています。この先生は，小さい習慣を変えることで得られる最も大きなメリットは何だと言っていますか。

　夜更かしをする，朝食を抜く，運動をしないなど，健康によくないようなちょっとした習慣を変えたいと思ったことはありませんか。これを変えることができれば，例えば病気のリスクが減らせたり，理想の体型に近づけたりするというメリットがあります。しかし，もっとすばらしいことは，たとえ小さいことであっても，一つのことを成し遂げた結果「自分はできる」という自信が得られることです。このような自信が積み重なれば，難しいとされる禁煙に挑戦するきっかけになったり，何か新しいことを始める気力が出たりします。初めてのことに取り組むチャンスがきたとき，今度も「きっとできる」と思うか，「どうせだめだ」と思うかは人生を大きく左右するでしょう。

この先生は，小さい習慣を変えることで得られる最も大きなメリットは何だと言っていますか。
1．病気のリスクが減ること
2．理想の体型が得られること
3．禁煙しなくても，健康になれること
4．達成感が得られ，自信がつくこと

Track 26

17番　先生が，ヤブツカツクリという鳥について話しています。この先生は，卵を温める場所の温度について，どのように言っていますか。

　鳥は，一般に卵を抱えて温めますが，ヤブツカツクリという鳥は，卵を抱えません。では，どうやって温めるのでしょうか。
　まず，オスが落ち葉や小枝などを集めて積み上げた「マウンド」と呼ばれるものを作ります。マウンドは高さ1メートル，直径5メートルにもなります。次に，メスがその中に穴を掘り，卵を産みます。このマウンドに積み上げられた落ち葉は微生物によって分解され，そのときに熱を発生します。

穴の中の温度は約33度で，卵がかえるのに最適な温度になっています。中は気温の影響を受けにくいのですが，実は最適な温度は，ヤブツカツクリ自身がコントロールしています。くちばしを突っ込んで温度を調べ，低ければ落ち葉を加えて調節しているのです。

この先生は，卵を温める場所の温度について，どのように言っていますか。
1．外の気温の変化が伝わりやすくなっている。
2．穴の大きさによって温度が変化するようになっている。
3．何もしなくても最適な温度が保たれている。
4．親鳥によって一定の温度に管理されている。

Track 27

18番　先生が，日本の緑茶の味と成分の関係について話しています。この先生の話によると，熱いお湯でお茶を入れるとおいしくならないのは，どうしてですか。

　日本の緑茶は，はじめは苦味や渋味があり，あとに甘味がひろがるという飲み物です。お茶の味は，苦味や渋味を多く含む成分であるカテキン類やカフェインなどと，甘味や旨味の成分であるアミノ酸類や糖類などとのバランスによって決まるといわれています。
　一般に，お茶の葉にアミノ酸が多く含まれるほど，まろやかでおいしいお茶ということができます。しかし，苦味や渋味を含むカテキン類やカフェインなどは，高温のお湯に溶け出しやすいという性質があるため，熱いお湯でお茶を入れると，これらの成分が多く出てきて，アミノ酸の旨味を隠してしまいます。熱いお湯でお茶を入れるとおいしいお茶にならないことがあるのは，このような理由によります。

この先生の話によると，熱いお湯でお茶を入れるとおいしくならないのは，どうしてですか。
1．旨味成分が出すぎてしまうから
2．旨味成分が壊れてしまうから
3．苦味や渋味の成分が出すぎてしまうから
4．苦味や渋味の成分が壊れてしまうから

Track 28

19番　先生が，自然の風景が脳の活動に与える影響について話しています。この先生は，自分の部屋にどのような手を加えたと考えられますか。

　みなさんは，ハイキングや登山で森林の中を歩いたとき，気持ちが落ち着いたという経験はありませんか。また日本では，春，満開の桜を見るとうきうきした気持ちになるという人が多いですね。

こうした気持ちの変化は，実際に外に出て森林を歩いたり，花見をしたりしなくても，画像を見るだけで表れることが，ある実験でわかりました。実験では，室内で森林風景の画像を見たときと，満開の桜の画像を見たときの，脳の活動の変化を調べました。その結果，森林風景の画像を見ると脳の活動は静かになり，桜の風景の画像を見ると脳の活動が活発になっていました。つまり，このように画像を見るだけでも，リラックスしたり，気持ちが高まったりするのです。

　そこで私は，この実験結果を参考にして，夜ぐっすりと眠れるように，部屋を少し変えてみました。

この先生は，自分の部屋にどのような手を加えたと考えられますか。
１．花の香りのするものを置いた。
２．森林風景のポスターを貼った。
３．満開の桜の花の写真を置いた。
４．部屋の照明を少し暗いものにした。

Track 29

20番　先生が，歴史学の授業で話しています。この先生は，歴史の本を読むときは，どうするべきだと言っていますか。

　歴史は，人によって書かれるものです。よく「歴史は過去の事実をありのままに伝えれば書ける」と言われます。しかし，歴史を書く人は，その書き手が生きている時代から過去を振り返って書くことになるので，どうしても書き手の時代の思想の影響を受けてしまうことになります。時には，書かれた時代によって，ある歴史の記述ががらりと変わってしまうこともあるのです。ですから，歴史の本を読むときには，それをよく頭に入れておく必要があります。

この先生は，歴史の本を読むときは，どうするべきだと言っていますか。
１．同じ著者が書いた別の本と読み比べる。
２．本を書いた時代が内容に与える影響を考えに入れる。
３．過去の出来事が現代にどんな影響を与えたか考える。
４．より古い時代に書かれた本の内容を信用する。

21番 男子学生と女子学生が，サークル活動について話しています。この女子学生は，サークルの規則についてどのようにするのがいいと言っていますか。

男子学生：最近，サークルの時間は話し合いばっかりなんだ。早く終わらせて，練習の時間にしたいんだけど。

女子学生：大変そうだね。何について話し合ってるの？

男子学生：サークル活動のルールについてなんだ。「昔の先輩から受け継いできたルールは，ずっと守っていかなきゃいけない」とか「こういう新しいルールも作るべきだ」とか，いろんな意見が出てまとまらないんだよ。

女子学生：そういうときは，どうやったらルールを最小限にできるかっていうのを考えたほうがいいって，前に聞いたことがあるよ。

男子学生：え，どういうこと？

女子学生：今まで受け継いできたルールや新しく作りたいルールの中で，「これは絶対に大事だ」ってみんなが思うものだけを取り出すの。それで，とにかくそれだけをきちんと守ろうってことにするといいんだって。

男子学生：へえ，そのやり方いいね！

この女子学生は，サークルの規則についてどのようにするのがいいと言っていますか。
1．先輩から受け継いだものを守る。
2．今までとは違う新しいものを加える。
3．今，重要だと思うものだけを選ぶ。
4．話し合いではなくリーダーが決める。

22番 先生が科学の進歩について話しています。この先生は，科学の進歩がもたらすどのようなことについて話していますか。

　科学の進歩はいろいろなことを明確にすると思われがちです。しかし，必ずしもそうではありません。例えば，人の死です。脳波が測定できるようになったことによって，どのような状態を生きているととらえるか，死んでいるととらえるか，様々な考え方が生まれ，現在は以前のように人の生死をはっきり規定できなくなりました。医療の進歩によって，かえってわからないことが増えたのです。

　同様に，川の水が有害物質で汚染されているかどうかを調べるときにも，分析の技術がどんどん進歩しているため，以前なら検知できなかったようなほんの少ししか存在しない物質も検知できるようになってきています。そのため，どういう状態ならば安全・安心と言えるのかという判

断も難しくなってきているのが現状なのです。

この先生は，科学の進歩がもたらすどのようなことについて話していますか。
1．さまざまな問題が解決されること
2．医療技術を進歩させること
3．現象の解釈が容易になること
4．物事のはっきりしない部分が増えること

Track 32

23番　先生が，子供のスポーツについて話しています。この先生は，年齢が低い子供にスポーツをさせるときに，最も注意すべきことは何だと言っていますか。

　最近，幼いころからスポーツをする子供が増えています。世界で活躍するスポーツ選手の多くも，幼少期からそのスポーツを始めていますので，これはよいことかと思います。しかし，幼い子供は体がまだ成熟していないので，特定のスポーツのためにトレーニングをしすぎると，大きなケガをしたり，その後の体の成長に影響を与えたりする恐れがあります。

　また，私が一番注意を払うべきだと思うのは，精神面に悪い影響を与えないように大人が配慮することです。周りの大人が，勝ち負けにこだわったり，ミスを厳しく責めたりすると，子供はスポーツを楽しむことができなくなります。幼い子供にとって大人は絶対的な存在ですから，指導者や保護者はそういった態度や言葉には十分気をつけなければなりません。

この先生は，年齢が低い子供にスポーツをさせるときに，最も注意すべきことは何だと言っていますか。
1．運動量
2．トレーニングの質
3．運動を始める時期
4．子供への接し方

Track 33

24番　ある美術館の館長が，新しい美術館について話しています。この人は，どうして都会から遠く離れた島に新しい美術館をつくったと言っていますか。

　過疎化が進んだこのような場所に美術館を建て，現代美術の作品を展示するという試みは，今までなかったと思います。しかし，この島は自然が大変豊かでしょう。私は，アーティストの方にこの島まで足を運んでつくっていただいた作品をこの美術館に展示したかったんです。美術は，本や音楽と異なり，基本的にはコピーして大量生産することができません。この世にたった一つ

しか存在しないのです。大量生産できないので，作者はもうかるとは限りません。それにもかかわらず，なぜ彼らは作品をつくり続けるのでしょうか。彼らは現代社会の問題や課題，矛盾を，作品に込めて訴えているのです。作者が現代社会に対する強い気持ちを込めた作品は，自然がそのままに残るこの地でこそ，さらに生きるのではないかと私は思っています。

この人は，どうして都会から遠く離れた島に美術館をつくったと言っていますか。
1．作品に込められたメッセージを十分に伝えるため
2．美術に触れる機会が少ない人たちに見てもらうため
3．自然をテーマにした作品を集めて展示するため
4．広い土地が作品の大量生産に適しているため

Track 34

25番 先生と留学生が，会話の続け方について話しています。この先生は，会話を続けるために，どのような方法をアドバイスしていますか。

先生：日本語，上手になりましたね。

留学生：ありがとうございます。でも，ときどき，友だちと会話が続かないことがあります。何を話したらいいかわからなくなると，黙ってしまって…。

先生：ああ，そういうときは，相手に質問してみるといいですよ。

留学生：質問ですか？

先生：そうです。雑談のような気軽な会話では，お互いが知っていることについて話したほうが盛り上がるでしょう？だから，例えば，「どこかおいしいラーメン屋知らない？」と，相手が知っていそうなことを聞いたり，「そのTシャツかっこいいね。どこで買ったの？」と，相手の身近なものについて尋ねたりして，お互いの興味の共通点を見つけるんです。何でもいいから，お互いの共通点が見つかれば，あとは，順調に会話が進むと思いますよ。

留学生：それならできそうです。今度試してみます。

この先生は，会話を続けるために，どのような方法をアドバイスしていますか。
1．質問を通して，お互いが興味を持っている話題を見つける。
2．相手が知らないことを見つけて，情報を提供する。
3．相手が興味を持っていそうなことについて，前もって調べておく。
4．相手からいろいろな質問をしてもらって，自分を知ってもらう。

26番 先生が，海に棲む魚について話しています。この先生は，マンボウが海の中で上下に
移動するのが上手なのは，どうしてだと言っていますか。

　魚は水中で浮くことができますが，それは多くの魚の場合，体の中にガスの詰まった浮き袋が
あるからです。この浮き袋は，水深が深くなって水圧がかかるとつぶれ，浅くなると膨らみます。
このように水圧によって浮力が変化するため，多くの魚は水の中を上下に移動することが苦手で
す。

　一方，マンボウという魚は，一般的な魚とは外見も体の内部も大きく異なります。マンボウは
浮き袋がない代わりに，皮膚の下にあるゼリー状の柔らかい組織によって浮力を得ています。こ
の組織の成分のほとんどは，海水よりも軽い水分でできているため，海中で浮くことができます。
マンボウの皮膚の下の組織は，ほぼ水でできているので，水圧によってつぶれることもなく，浮
力が変化することはありません。そのため，海の中で自由に上下に動くことができるのです。

この先生は，マンボウが海の中で上下に移動するのが上手なのは，どうしてだと言っていま
すか。
1．他の魚より大きい浮き袋を持っているから
2．皮膚の下にガスを蓄えているから
3．水圧に影響されない組織で浮力を得ているから
4．水中で動きやすい体の形をしているから

27番 先生が，人の記憶に関する実験について話しています。この先生は，参加者の記憶に
影響を与えたのは，なんだと言っていますか。

　事件の現場などで犯人を見たという人がいる場合，その情報は信頼する価値のある，重要な証
拠だと考えられがちです。しかし，実は，そのときの状況や心理状態などのさまざまな要因に
よって，記憶が歪められ，不正確あるいは不十分な情報となってしまうことがあります。

　ある実験で，実験参加者を二つのグループに分け，それぞれ違う写真を見てもらいました。一
つのグループは，レストランのレジにお金を持った男性が近づいていく写真で，もう一つは，拳
銃を持った男性が近づいていく写真でした。そして，そのあと写真の男性の体型や外見的な特徴
を尋ねました。すると，お金よりも拳銃の写真を見たグループのほうが，記憶が不正確でした。
これは，注意が拳銃に集まってしまい，そのほかの部分の記憶があいまいになったためだと考え
られます。

この先生は，参加者の記憶に影響を与えたのは，なんだと言っていますか。

1．写真の中の人物が手にしている物
2．同じグループの参加者の回答
3．写真で見たのか，実際に見たのかの違い
4．事件の現場で犯人を見た経験

2022年度

日本留学試験（第２回）

正　解　表

The Correct Answers

2022 年度日本留学試験(第 2 回)試験問題 正解表 The Correct Answers

〈日本語〉Japanese as a Foreign Language

記　述…解答例を 355，356 ページに掲載

読解			
問		解答番号	正解
Ⅰ		1	4
Ⅱ		2	4
Ⅲ		3	2
Ⅳ		4	3
Ⅴ		5	4
Ⅵ		6	1
Ⅶ		7	1
Ⅷ		8	1
Ⅸ		9	2
Ⅹ		10	3
ⅩⅠ	問 1	11	2
	問 2	12	3
ⅩⅡ	問 1	13	4
	問 2	14	1
ⅩⅢ	問 1	15	4
	問 2	16	3
ⅩⅣ	問 1	17	2
	問 2	18	3
ⅩⅤ	問 1	19	2
	問 2	20	1
ⅩⅥ	問 1	21	1
	問 2	22	3
ⅩⅦ	問 1	23	1
	問 2	24	4
	問 3	25	2

聴読解			聴解		
問	解答番号	正解	問	解答番号	正解
1 番	1	3	13 番	13	1
2 番	2	1	14 番	14	3
3 番	3	2	15 番	15	2
4 番	4	2	16 番	16	4
5 番	5	4	17 番	17	4
6 番	6	4	18 番	18	3
7 番	7	3	19 番	19	2
8 番	8	2	20 番	20	2
9 番	9	4	21 番	21	3
10 番	10	3	22 番	22	4
11 番	11	4	23 番	23	4
12 番	12	1	24 番	24	1
			25 番	25	1
			26 番	26	3
			27 番	27	1

〈理　科〉Science

物理 Physics			
問Q.	解答番号 row	正解 A.	
I	問1	1	3
	問2	2	3
	問3	3	4
	問4	4	2
	問5	5	4
	問6	6	5
II	問1	7	3
	問2	8	1
	問3	9	4
III	問1	10	2
	問2	11	1
	問3	12	4
IV	問1	13	6
	問2	14	5
	問3	15	2
	問4	16	1
	問5	17	1
	問6	18	6
V	問1	19	5

化学 Chemistry		
問Q.	解答番号 row	正解 A.
問1	1	4
問2	2	2
問3	3	6
問4	4	3
問5	5	3
問6	6	2
問7	7	3
問8	8	2
問9	9	1
問10	10	4
問11	11	1
問12	12	3
問13	13	2
問14	14	5
問15	15	4
問16	16	3
問17	17	3
問18	18	1
問19	19	2
問20	20	4

生物 Biology		
問Q.	解答番号 row	正解 A.
問1	1	4
問2	2	2
問3	3	4
問4	4	6
問4	5	1
問5	6	4
問6	7	2
問7	8	3
問8	9	2
問9	10	3
問10	11	3
問11	12	6
問12	13	2
問13	14	3
問14	15	4
問15	16	1
問15	17	5
問16	18	4

〈総合科目〉 Japan and the World

問Q.	解答番号 row	正解 A.
問1	1	2
	2	2
	3	3
	4	3
問2	5	4
	6	3
	7	2
	8	1
問3	9	3
問4	10	4
問5	11	4
問6	12	4
問7	13	2
問8	14	1
問9	15	4
問10	16	2
問11	17	2
問12	18	4
問13	19	1
問14	20	3
問15	21	3

問Q.	解答番号 row	正解 A.
問16	22	3
問17	23	1
問18	24	1
問19	25	3
問20	26	4
問21	27	1
問22	28	2
問23	29	1
問24	30	2
問25	31	3
問26	32	4
問27	33	2
問28	34	2
問29	35	1
問30	36	1
問31	37	4
問32	38	3

〈数　学〉Mathematic

コース１　Course1

問Q.		解答番号 row	正解 A.
I	問1	A	2
		BC	41
		DE	93
		FG	25
		HI	35
		JK	45
		LM	15
	問2	NO	49
		PQ	59
		R	2
		S	7
		T	3
II	問1	A	2
		BC	32
		DE	57
		FGHI	1014
		J	2
		KL	12
		MN	17
	問2	O	1
		PQ	73
		RST	237
		UV	43
		W	1
		XY	43
		Z	2
III		AB	15
		C	0
		DE	14
		F	3
		G	8
		HI	92
		JK	24
		LM	27
		NO	34
		PQ	43
IV		AB	34
		CD	74
		EF	13
		GH	32
		IJ	32
		KL	34
		MN	34
		OPQ	916
		RS	32
		TUV	277
		WXY	217

コース２　Course2

問Q.		解答番号 row	正解 A.
I	問1	A	2
		BC	41
		DE	93
		FG	25
		HI	35
		JK	45
		LM	15
	問2	NO	49
		PQ	59
		R	2
		S	7
		T	3
II	問1	ABC	243
		D	1
		E	5
		F	5
		G	3
		H	2
		I	9
		J	8
		K	4
		L	6
		M	2
	問2	NO	42
		PQR	255
		S	8
		T	2
		UVW	345
		XYZ	213
III		AB	74
		CDE	363
		FG	12
		HI	32
		JKL	145
		MNO	947
		PQ	12
		RS	−1
		T	2
		UV	14
		W	4
IV		ABC	426
		DEF	274
		GH	16
		I	0
		J	3
		K	1
		L	3
		M	6
		N	2
		O	3
		P	0
		Q	4
		R	5
		S	1
		T	0
		U	0
		VWXYZ	17108

記述問題1　解答例

　親が子供の行動を管理するのは当然のことだ。たとえば、親が何も言わないで放っておくと、子供は時間を忘れて遊んでしまう。そこで、親が次に何をすべきか指示をするなど子供の行動を管理すれば、子供は宿題などのすべきことが終わらせられる。

　その一方で、子供に指示し過ぎるのは好ましいことではない。子供が興味のあることに夢中になるのはよいことで、たとえばゲームに熱中するのも悪いことではない。そこから学ぶこともある。好きなことに熱中する経験から子供は自分の世界を構築していくのだ。

　理想的なのは、親と子供が話し合ったうえで、子供自身の行動について子供に決めさせるという方法だろう。その場合、子供が親の望む決定をすることは少ないかもしれない。それでもまずは子供の意見を尊重したほうがよい。

　ただし、子供の判断にあまりにも問題があるようなら、親が介入することもやむを得ないだろう。特に、年齢が低いうちは子供は正しい判断ができないことが多い。

　このように、子供の年齢に合わせて、行動を管理するばかりでなく、子供の意見を尊重することも大切だ。

記述問題２　解答例

　たまたま居合わせた現場で起きていることを手元のスマートフォン（スマホ）で撮影する。これは私たちが日常的にしていることだ。以下、スマホで動画や録音をすることのよい点と問題点について考察してみたい。

　よい点は、臨場感をもって状況を伝えられることだ。スマホが普及する前、災害や事件の状況は報道関係者が到着してからでないと記録できなかった。しかし最近では、ニュースの映像に「視聴者撮影」と書かれていることがある。つまり、スマホがあれば誰もが報道カメラマンの役割を担えるのだ。

　一方、問題点もある。他人の私的な状況を無断で撮影することはプライバシーの侵害にあたる。自分が撮影した記録を公開したり、共有したりすることで、他人が迷惑することもある。

　撮影や録音、そしてそれらの公開や共有が気軽にできるからこそ、他人や社会に与える影響に対する配慮がより求められる。学校や地域社会で記録や情報の取り扱いについてしっかり学び、考える機会を作るべきだと考える。

「記述」採点基準

「記述」の採点にあたっては，以下の基準に基づき採点し，得点を表示します。

得点	基準
５０点	（レベルＳ） 課題に沿って，書き手の主張が，説得力のある根拠とともに明確に述べられている。かつ，効果的な構成と洗練された表現が認められる。
４５点	（レベルＡ） 課題に沿って，書き手の主張が，妥当な根拠とともに明確に述べられている。
４０点	かつ，効果的な構成と適切な表現が認められる。
３５点	（レベルＢ） 課題にほぼ沿って，書き手の主張が，おおむね妥当な根拠とともに述べられている。かつ，妥当な構成を持ち，表現に情報伝達上の支障が認められない。
３０点	
２５点	（レベルＣ） 課題を無視せず，書き手の主張が，根拠とともに述べられている。しかし，その根拠の妥当性，構成，表現などに不適切な点が認められる。
２０点	
１０点	（レベルＤ） 書き手の主張や構成が認められない。あるいは，主張や構成が認められても，課題との関連性が薄い。また，表現にかなり不適切な点が認められる。
０点	（ＮＡ）＊ 採点がなされるための条件を満たさない。

レベルＡ，Ｂ，Ｃについては，同一水準内で上位の者と下位の者を区別して得点を表示する。

＊０点（ＮＡ）に該当する答案は以下のとおりである。
- 白紙である。
- 課題と関連のない記述である。
- 課題文をそのまま書いているだけである。
- 課題に関連する日本語の記述（課題文をそのまま書いた部分を除く）が40字に満たない。
- 問題冊子の表紙等を引き写している部分がある。
- その他，委員会の議を経て，０点とするに至当な理由があると判断されたもの。

Score Rating of "Writing" Section

We will score the "Writing" section according to the following rating standard and indicate the respective scores.

Score	Rating
50	(Level S) An essay at this level ・ clearly addresses the topic with persuasive reasons ・ is well organized and developed ・ uses refined expressions in language
45 40	(Level A) An essay at this level ・ clearly addresses the topic with appropriate reasons ・ is well organized and developed ・ uses appropriate expressions in language
35 30	(Level B) An essay at this level ・ addresses the topic with mostly appropriate reasons ・ is generally well organized, though it may have occasional problems ・ may use inappropriate expressions in language
25 20	(Level C) An essay at this level ・ roughly addresses the topic with reasons, which may be inappropriate ・ may have problems in its organization ・ uses inappropriate expressions in language
10	(Level D) An essay at this level ・ does not address the topic ・ is disorganized and underdeveloped ・ has serious errors in usage
0	(NA) * An essay does not meet the rating conditions.

Each of Levels A, B and C has two grades: higher and lower.

 * An essay is given a score of 0 (NA) if:
・ It is blank.
・ It is not relevant to the topic.
・ It only repeats the topic statement.
・ Its Japanese text relevant to the topic is less than 40 characters in length, excluding the part repeating the topic statement.
・ It contains text copied from the question booklet cover or elsewhere.
・ It is judged by the committee after deliberation as having another proper reason to be considered NA.

2022年度　日本留学試験(第2回)試験問題
(聴解・聴読解問題CD付)

発行日……………　2023年1月31日　初版第1刷

編著者……………　独立行政法人　日本学生支援機構
　　　　　　　　　　　〒153-8503　東京都目黒区駒場4-5-29
　　　　　　　　　　　電話　03-6407-7457
　　　　　　　　　　　ホームページ　https://www.jasso.go.jp/
印刷所……………　倉敷印刷株式会社

発行所……………　株式会社　凡　人　社
　　　　　　　　　　〒102-0093　東京都千代田区平河町1-3-13
　　　　　　　　　　電話 03-3263-3959
　　　　　　　　　　ホームページ https://www.bonjinsha.com/

ISBN978-4-86746-007-8

CD トラック番号一覧

トラック番号	問題番号等	トラック番号	問題番号等
1	音量調節	19	聴解の説明
2	試験全体の説明	20	聴解練習
3	聴読解の説明	21	聴解練習の解説
4	聴読解練習	22	聴解13番
5	聴読解練習の解説	23	聴解14番
6	聴読解1番	24	聴解15番
7	聴読解2番	25	聴解16番
8	聴読解3番	26	聴解17番
9	聴読解4番	27	聴解18番
10	聴読解5番	28	聴解19番
11	聴読解6番	29	聴解20番
12	聴読解7番	30	聴解21番
13	聴読解8番	31	聴解22番
14	聴読解9番	32	聴解23番
15	聴読解10番	33	聴解24番
16	聴読解11番	34	聴解25番
17	聴読解12番	35	聴解26番
18	聴読解終了の合図	36	聴解27番
		37	聴解終了及び解答終了の合図